ドラゴン、山に登る。

「マッターホルン&
エベレスト街道」
奮戦記

菊池博文

東京図書出版

【スイス ── ライゼー湖に映る逆さマッターホルン】

【ネパール ── エベレスト街道から臨むコンデリ】

はじめに

最初に断っておくが、私は作家でもないし登山家でもない。だから、この本のジャンルが「紀行文」なのか、「随筆」なのかもわからない。

旅行の行程を辿りながら書いているので紀行文と言えるし、コピーライターの田中泰延氏の「事象と心象が交わるところに生まれる文章が随筆」ならば、そうとも言えるし、まあ、そんなことはどうでもいい。

言いたいことは、旅行や登山をする上での参考書としては、中途半端な内容で、あまり期待してもらっては困るということだ。

敢えて読者として期待できそうな人を想像してみれば、「病気と闘っている人」、「マッターホルンに登ってみたい人」、「エベレスト街道を歩いてみたい人」、「悩み多き若い教師」……期待するなと言いながら、少しは役に立てばそれはそれで嬉しい。

そして、出版費用回収のために「友人や教え子」には大いに購入してもらいたい。

その他の人は、時間つぶしの場合は別だが、立ち読みすら後悔するおそれがあるので、あらかじめお詫びしておきたい。

ドラゴン、山に登る。

「マッターホルン&エベレスト街道」奮戦記

目次

第3話 ヒマラヤへ行く 57

第1話

山との出会い

大学進学のために住み慣れた北海道を離れる時に、両親から釘を刺されたことを今でも覚えている。それは、「山岳部だけは絶対に入ってはならない」だった。

私は、端から山歩きをしようとも思っていなかったし、ましてや山岳部に入部しようなどとは心の片隅にもなかった。登山経験と言えば、中学生の時に学校登山で行った「鷲別岳911m」が唯一の記憶に残っている登山だった。それも、牛の放牧地を通る時には、そこかしこに散らばる糞を踏まないように気をつけたこと、フンコロガシという虫が逆さになって後ろ足で糞を丸める様子がおもしろかったこと、傾斜の強い登りが苦しかったこと、そのくらいの思い出しかなかった。

両親がなぜ、わざわざ山岳部入部禁止を言ったのか後になって考えてみると、1970年代は、大学山岳部や社会人山岳会が「先鋭的な登攀」を続け、日本隊のエベレスト登頂成功や女性による初登頂が日本人だったこともあり、一般の登山者にも縦走登山や岩登りを楽しむなど登山がブームだったことが背景にありそうだ。

両親にとっては、遭難や事故の心配もさることながら、当時、大学山岳部に入ると、年中、山の中に籠もって進級できなかったり、挙句の果てには在籍可能期間を過ぎて退学させられたりするという風聞も理由だったたと思う。

私は、両親の言いつけを守り、山岳部に入ることもなく、無事に4年で大学を卒業した。

しかし、両親の思いとは裏腹になぜか今、私は少々危ない登山もクライミングもやっている。

どうしてか……、その辺の経緯を少し長いが書くことにしよう。

2017(平成29)年3月31日をもって、私は勤続36年の教員生活を終えた。同い年で教員採用試験に一発合格した人は、懲戒免職や自己都合で途中退職しなければ、勤続38年となるはずだ。……ン!? ……2年足りないなぁ。

能天気でプラプラな若者時代

私は、教育学部に在籍しながら、採用試験も受けずに、大学卒業後にふらふらしていた。北海道出身でありながら、岩手大学に入学し、卒業したと思ったら地元に帰るでもなく、東京に出ていき、新聞配達のアルバイトをしながら英語の通訳養成学校に通い出したのだから、両親はもうびっくり仰天だったろう。

特に、若い頃から病気がちだった母は、私が大学在学中に、持病の糖尿病が悪化して視力をほとんど失いかけていたこともあり、定職につかず都会のおんぼろアパートの三畳一間で、一人暮らしを始めた次男坊の行く末には、心を痛めたことだと思う。

新聞配達のアルバイトは、「住居・朝食付きで、集金業務はなし」という条件で、朝刊と夕刊の1日2回、それぞれ200部以上配っていた。朝刊には、チラシを入れる作業もあるため、朝の4時頃には販売店に出勤した。2時間ほどで配達を終えると、販売店で用意してくれた朝食を食べ、学校に行き授業を受け、夕刊配達に間に合うように帰宅するという毎日のルーティンだった。

そもそもが、「通訳」という仕事は、最初から会話できることが前提であり、ド素人が門を叩くのもおこがましい職種にもかかわらず、日常会話ができるという程度の錯覚では、ものになるはずがない。

それに加えて、当初、「集金業務はなし」という約束もいつの間にか反故にされた。日中に在宅している場合は、ほとんどが「ご苦労様」という声をかけてくれるが、不在の場合は、夜遅くや朝早くの集金になってしまうため、胡散臭い目で見られる。

タイミングが悪いと何度行っても会うことができず、新聞代を翌月や、翌々月にまとめて集めることになる。そういう時には、かなり高い確率で、「なんで、毎月取りに来ないんだよ！」となる。「何回も来てるんだよ!!」という怒りの反撃はせず、グッと堪えて「申し訳ございませんでした」と謝罪する。これが世の中の、大人のルールだろうと、22歳の若造でもなんとなくわかっているものだ。

しかし、大都会の土や緑のほとんどないアスファルトの上で、車に轢かれて潰れている大きなウシガエル、猛暑でサウナ状態になっている三畳一間の部屋、窓を開けても熱風と蚊が遠慮なく入ってくる汚れた共同便所のアパート、いつもどんよりした都会の空と汚れた空気……ストレスは溜まる一方で逃げる理由としては十分すぎた。

私は、店主にきちんと挨拶をして、わずか8カ月で東京の生活に見切りをつけ、山形県の蔵王スキー場に逃げた。

新天地では、ホテルの住み込みで、日中は喫茶店、夜はスナックで働く接客業を人生で初めてやった。休みの日にはスキー三昧の生活を、12月から4月までの1シーズン送った。

春になって、スキー場もクローズとなり、次はどうしようと考えたが、目標のない人生は次の進むべき道も不明瞭だ。

40日間の中学校講師時代

とりあえず、住み慣れた岩手に戻り、大学時代にお世話になった先生に仕事を紹介してほしいと頼み込んだ。数日経ってから連絡があり、某中学校の保健体育教師がアキレス腱を断裂して病休を取ることになったので、40日ほど講師として働きなさいとのことだった。

大学では中学校教員養成課程で学んでいた身としては、渡りに船とばかり短期間ではあったが、その話に飛びついた。保健体育の授業と3年生の学級担任を受け持ち、部活動は女子バレーボール部の担当だった。

部活動では、折しも地区中学校体育大会が間近にひかえていた。3年生にとっては県大会をかけた最後の公式大会だったが、指導経験のない私は、指導力「ゼロ」を生徒にすぐ見抜かれ、ベンチでの采配を心配された。

結果は、当然のごとく惨敗したが、生徒からは「先生、よくタイムアウトを2回とったね」と、優しい言葉が返ってきて、情けない気持ちでいっぱいだった。

およそ1カ月の講師生活はあっという間に過ぎた。

短距離走の得意な不登校気味の男子生徒と競走して仲良くなったり、ちょっとしたすれ違いから自分が仲間外れにされていると思っている生徒の相談に乗ったり、地元の福岡高校が甲子園球場で試合をしているのを、掃除時間に生徒と一緒にテレビで観ていたところ、巡回していた校長先生に見られて指導されたり……、振り返るとエピソード満載だった。

どこで、どのように準備していたのかわからないが、学校を離れる時に、生徒たちから分厚い文集を貰い、読んでみると自分が生徒にどのように映っていたのかがよくわかり、はずかしいやら嬉しいやら、教師の仕事もおもしろそうだなと感じた。

中学校講師の仕事の後は、ガソリンスタンドでアルバイトをしながら、教員採用試験に向けて勉強を始めた。遅すぎる……、試験まであと1カ月しかないと思うと、逆に集中力が増したのかもしれない。その夏に行われた採用試験に、初めての受験にもかかわらず運よく合格することができた。

ひとまず翌年4月からは食べることに困らないが、それまでの食い扶持を繋ぐ必要があったので、夏の間はガソリンスタンドで、冬になってからはスキースクールのアシスタントをした。

ドラゴン先生誕生

4月になって、県下でも1、2を争う全校生徒数1380人のマンモス中学校に赴任した。配属された2学年の学級数もA組～K組、11学級もあり、生徒の名前と顔を覚えるのはもちろん、先生方を覚えるのにもしばらく時間がかかった。

講師経験が少しあったとはいえ、未熟な私は、学級担任としても保健体育の授業でも、まともに教師らしいところは見せられず、周りの先輩教師の見様見真似で何とか毎日を過ごしていた。

赴任当時、中学校は全国的に校内暴力や非行が蔓延し、荒れた状況が社会問題となっていた。学校規模が大きいほどその傾向も強く、毎日のように生徒同士のケンカやトラブル、教師に対する暴力や暴言、授業の抜け出し、喫煙など生徒指導上の問題を処理するために、教師は疲れ切っていた。

しかし、赴任した学校では、経験豊かなベテラン、40代の中堅、20～30代の若手がバランスよく配置されていて、指導力のある教師を中心に、学年主義の傾向ではあるものの生徒をよく掌握していた。

教師になり立ての自分は、生徒に説得力のある話ができるわけでもないし、教え方も稚拙で、生徒の心をつかむような人間的な魅力もない、何か事が起きれば大人の理屈で解決を急ぐしょうもない若造に過ぎなかった。

ただ一つだけアドバンテージがあったのは、「スポーツができそうだ、強そうだ」というイメージだったと思う。特に、男子生徒の多くは自分もそうだったように、「身体的な強さ」に絶対的な憧れを持つ時期だ。

赴任して数カ月後、私は、中学校の格技場で1週間に2回ほど稽古をしていた直接打撃制の空手流派に入門した。大学4年間、和道流の空手道部に所属し一生懸命に稽古していた経験があり、懐かしい気持ちと当時では珍しかった「直接打撃制」に興味を持ったからだ。2年ほどのブランクがあり、しかも、拳を直接相手に当てない、いわゆる「寸止め」から体重無差別の直接打撃制への鞍替えはなかなかスリリングだった。

大学時代にすでに有段者で、黒帯の保持者であった私だったが、また白帯を巻いて一から出直した。1年が過ぎ、3級まで進級していた頃、岩手県大会が開催されることになり、私も出場することになった。

1回戦目は福島からの招待選手と対戦し、再々延長戦の末勝つことができた。その後も、勝ち上がり準決勝まで進んだが、後に全日本選手権に県代表として出場することになる先輩に負けた。3位決定戦は、肋骨が折れているかもしれないとのことでドクターストップとなり棄権したが、私は、招待選手に勝ったり、黒帯選手に勝ったりしたことが評価され、「敢闘賞」の賞状とトロフィーを貰った。

この大会を見に来ていた生徒が広めたためか、次の日からしばらく包帯だらけで出勤していたためかはわからないが、その後、ブルース・リー主演の映画『燃えよドラゴン』にあやかり「ドラゴン先生」（陰では、ドラゴンと呼び捨てだろうが）と呼ばれるようになり、それは40年以上経った今も続いている。

悩める教師の「学級登山」

テレビドラマならこれでハッピーエンドとしてもよいのだが、教師としての私は相変わらず力量不足だった。２年生から3年生にそのまま持ち上がった学級も、今一つ「一体感」を育てられていないと感じた。何とかして、チームワークのよいまとまった学級にしたいと思い、考えた末に、夏休みに岩手県の最高峰である岩手山（標高２０３８ｍ。当時は、２０４１ｍと発表されていた）に登ることを計画し、学年会議で提案した。

学年会議と言っても、小規模校の職員会議と同じくらい教職員がいるので、元来、あがり症の私は、しどろもどろになりながら、学級の現状を説明し、是非とも学級登山をやりたいと訴えた。

司会から促され出てきた意見は、「危険だ。何かあったら責任はとれるのか」、「やる学級とやらない学級があれば、足並みが乱れる」、「部活動に支障が出る」等々、反対意見ばかりで、私は押し黙るしかなかった。

その時、副担任で自らも山登りが趣味だったK先生が、「担任が学級経営上、必要だと感じてやりたいと言うのだから、やらせるべきだ。希望参加にして、主催も学級PTAにして親の参加者を募り、担任も一参加者となればいい。自分も登山の経験は十分あるので、一緒に登って手伝う」と発言してくれ、何とかその方向で実施できるようになった。

当日は、全員参加とはいかなかったが、晴天の下、楽しく、助け合いながら笑顔で上り下りする生徒の姿に、やってよかったなと心底思った。

その後、学級のまとまりが劇的によくなったかどうかはあまり覚えていないが、彼らの年祝いに呼ばれた時には、必ず岩手山に登ったことが話題になる。

また、私の退職記念に、「ドラゴン先生の退職を祝う会」を開いてくれたのも彼らだった。初めて卒業生の学級担任として送り出した彼らも50歳になっていて、髪の毛が薄くなったり恰幅が良かったり、中にはどっちが生徒で担任かわからないような貫録を漂わす者もいた。

美味しい酒を酌み交わしながらの歓談は至福のひと時だった。わざわざ自宅まで迎えに来てくれ、会が終わった後には、駅まで付き添い見送ってくれた。おまけに、私が山に登ることを知っていて、記念品に「ジェットボイル」を贈ってくれた。

それに見合うだけのことを、学級担任としてやったか、ふり返ると赤面の至りだ。

なぜ、学級の一体感を育てるための方策として、「学級登山」が閃いたのか。

「苦しさを共有し協力し合うことで、みんなで困難を乗り越える」というねらい以外に、単に、「爽やかな風を感じながら、一緒にいい景色を見たい」、「登山を通して生徒との距離感が縮まる、山にはそんな力がある」何となくではあるが、そんな気がしたからだ。

そんな気がする、その根拠となる体験が大学生の時にあった。

当時、通っていた大学の附属中学校では、3年生が学年登山として岩手山に登っていた。柳沢登山口（通称「馬返し」）から登り、八合目避難小屋で1泊し、早朝に山頂で御来光を拝み、登山口とは反対の「焼走り」に下山する縦走コースだった。

途中で、疲れて動けない生徒のザックを持ったり、フォローしたりするアルバイトで、保健体育科の学生が駆り出されたのである。私もその一人であり、初めての本格的な山登りだったが、体育実技や部活動で鍛えていたこともあり、体力的にはそれほどの辛さは感じなかった。

しかも、山頂で見た光景が素晴らしかった。雲の絨毯から昇ってくる御来光に強烈なインパクトを受け、生徒たちの歓声と共に忘れられない一コマになった。

この光景が、自分の登山の原風景として心の片隅に残ることになるが、だからと言って、他にやることがたくさんあった身としては、頻繁に山に向かうようになるのはずっと先のことになる。

熱血空回り教師

教師としての2校目の勤務校は、マンモス校解消のために新設された学校だった。中堅の実力ある先輩教師が強いリーダーシップを発揮し順調に滑り出した。学校の周りは野原で、電信柱がやけに多く目についた。

グラウンドや体育館も未完成、プールや格技場ももちろんなかったので、体育授業はバスで移動して市民体育館や市営プールを使い、部活動も公共施設や空き地、公園を利用するなど工夫して行った。

私の教職歴は3年を過ぎていたが、相変わらず未熟で自信のない教師だった。しかし、生徒いわく「熱血教師」ぶりを発揮していたようだ。それは、よく言えばであり、実態は「熱血空回り教師」で、学級担任としても、部活動指導でも悩みが多かった。

これではいけないと思った私は、教師としての専門職性と専門性を磨くために、現職のまま大学院に入りなおした。大学生の時とは比べようがないほど、勉強し、また全国から集まった同職の仲間との交流を通して多くのことを学んだ。

そして、2年間の学びの機会は、あっと言う間に過ぎ、自分なりに成果を感じながら、送り出してくれた学校の3年担任として再び教育現場に戻った。

そこで待ち構えていたのは、男子生徒のおよそ半数が、ボンタン（腿周りが太いダボダボのズボン）を履いている現実だった。現状を前にして、大学院で学んだことは即効性もなければ、特効薬にもならなかった。

私は、学校の規則を守らず好き勝手にふるまう一部の生徒と対立し、異装を正す指導など、本当は大して重要でないことに目が向き、焦って高圧的な指導をした。当然、ますます反感を買い、やることなすこと全てと言っていいほど上手くいかず、教師をやめようかとも考えた。

そんな時に、現実逃避的に、時々、近くの山に登るようになった。山は何も解決策を答えてはくれないが、下りてきた時には、なぜか、「小さなことに悩むな、くよくよするな」という気持ちになった。

針の筵に座っているような厳しい1年も過ぎ、彼らは卒業していったが、十数年経って年祝いに呼ばれ再会した時には、見違えるほど立派な社会人に成長していた。

山通いの加速化

私は初任から管理職になるまで、ずっと学級担任と部活動顧問を受け持った。

特に、女子バレーボールの部活動指導にのめり込み、毎日のように練習し、土日には練習試合や大会に出場し、夏休みや冬休みには合宿をやったりした。

無謀にも全国大会で優勝経験のある宮城県のF中学校に練習試合を申し込み、県外遠征をしたこともあった。結果は、散々だったが、指導者のO先生からは、「一生懸命に最後までボールを追いかける、気持ちのいい子どもたちだ」と褒めてもらったことを今でも思い出す。
怒ったり、喜んだり、笑ったり、泣いたり、嘆いたりしながらのバレーボール三昧の日々は、青春ドラマのようで楽しかった。しかし、家庭内では、私は夫としても、父親としても落第生だった。幼い子どもにとって、朝早く家を出て、夜遅くに帰ってくる父親の存在は薄く、「おとうさん、またきてね」と言われる始末だった。

管理職になっても熱病のようにバレーボール指導を続けていたが、転任を機に部活動指導から退くことにした。その理由は、転任先が大規模校で教頭（副校長）としての本務が忙しかったこと、そして何より、一生懸命やっている若い指導者がすでにいたからだった。

初めての小学校勤務

通算9年間の教頭・副校長時代を経て、２０１１年４月に、私は校長として久慈市立平山小学校に赴任した。３月11日にあの東日本大震災が起きてから、まだ1カ月も経っていなかった。三陸沿岸各地の津波被害は、岩手県でも死者４６７５名、行方不明者１１１０名（２０２３年３月１日現在、警察庁）という大惨事で、12年以上経った今なお、大津波が押し寄せ全てを呑み尽くしていく恐ろしい映像が脳裏によみがえる。この大震災・津波の影響で、沿岸部の教職員定期人事異動は凍結となったが、比較的被害の少なかった県北部では最小限の異動があり、私は教員生活初めての、そして、新任校長としての小学校勤務が始まった。

久慈市の津波被害は比較的少なかったとはいえ、約1カ月が過ぎても、道路や建物は泥が乾いた汚れに覆われ、市内を流れる大きな川の中には根こそぎ倒れた大木が横たわり、堤防をあと数十センチで乗り越えそうな津波の跡も残っていた。また、倒壊した建物の撤去作業をしている人々の様子も見られ、災害の酷さがひしひしと感じられた。大きな余震も度々発生し、昼夜にかかわらず、サイレンが鳴り響き、防災放送が流れ緊張する日々だった。

学校は高台にあり、発災後は避難所となっていたが赴任した時にはすでに避難者ゼロになっていたので、新年度は通常通り始業式、入学式を行うことができた。

小学校勤務は、とても新鮮で子どもたちとの触れ合いも楽しかった。子どもたちは、「なかよし坂」、「ふれあい坂」、「げんき坂」と名付けられた三つの坂を歩いて校門に入ってくるので、私は雨の日も、風の日も、雪の日もほぼ毎朝門口に立ち、子どもたちを迎えた。どこかで拾った木の枝をそこかしこにツンツンしながら来る子、坂の上の方から「こーちょーせんせー、おはようございます！」と元気よく走り下りてくる子、友だちとペチャペチャと楽しそうにおしゃべりしながら来る子、ちょっと表情がいつもより暗い子……、登校の様子を観察しながら、一人ひとりに「おはよう！」と声をかけた。

毎週金曜日に「全校終会」で全校児童に15分くらい話をする機会があった。1年生から6年生まで一緒なので、話し方や使う言葉が難しいのだが、話のテーマは、「夢や目標を持つこと」、

「挑戦すること」がほとんどだった。

そして、自分自身の目標として、「マッターホルンに登る」を宣言した。

小学校では、地域の指導者によるスポーツ少年団活動はあるが、中学校のように部活動指導や大会参加はないので、休日に自由な時間ができると、私は積極的に山に行くようになった。妻と県内の山を楽しむこともあったが、どちらかというと単独登山が多かった。

夏休みには、登る山も県外へと広がり、いつの間にか、北アルプスを中心に、劔岳、槍ヶ岳、槍ヶ岳―奥穂高岳―前穂高岳縦走、西穂高岳―奥穂高岳縦走、南アルプスの白根三山縦走と経験を積んでいった。

さらには、55歳でクライミングを始めてからは、フリークライミングやアイスクライミングにもはまり、ロープを結びあっての岩稜、氷壁なども登るようになった。

4年間の小学校勤務を終え、毎日、防災放送から朝7時と正午に流れる連続テレビ小説『あまちゃん』のテーマ曲を胸に久慈市を離れた。その後、地元の中学校長を2年間務め、私の教員生活が終わった。

そして、定年退職を機に、目は海外の山に向けられた。

第2話

マッターホルン登頂

海外登山は、「マッターホルン登頂宣言」のこともあったたし、富士山よりも高く、秀麗な山容、そして登頂率が20～30％と言われる難易度のマッターホルンを最初の一山として選ぶことに何の迷いもなかった。

1

憧れの山マッターホルン登頂を目指して

1 準備

マッターホルンへの山行を決めた私だったが、現地までの移動、宿泊場所、ガイドの手配など具体的な段取りについては、まったく疎かった。そのため、すでに実績のある「サッポロマウンテンタイム」を主宰する石坂博文さんにお世話になることにした。

石坂さんは、ヨーロッパの登山シーズン中は現地に住み込み、マッターホルンをはじめ、クライミング要素の高い急峻な山をガイドする国際山岳ガイドだ。

これで私が準備しなければならないことは、登頂に必要な体力をつけることに絞られた。クライミング技術については、ガイド登山では、常にセカンドで登ることになり、滑落や墜落に対しては安全が確保されている。登山靴で登るということは、フリークライミングのような難しいルートでもないはずだ。ルートを見定めながら登る必要もないと考え、県内の山登りを継続することや、日常生活でできるだけ身体を動かすこと、歩くことなどを意識した。

トレーニング山行

８月初旬に、石坂さんの下で、ガイド修行をしていた照井大地さんと、トレーニング山行として、「前穂高岳北尾根」と「北穂高岳東稜」を登った。

照井さんは、現在、日本山岳ガイド協会認定の山岳ガイド（ステージ１）、スキーガイド（ステージ２）として、１年を通して北海道、東北、南北アルプス、八ヶ岳等を中心に活躍する若手ガイドだ。

涸沢小屋へ

８月５日、松本に前泊し、翌朝５時30分発のバスで上高地へ向かった。上高地バスターミナルでは、帰りのバスに乗るための整理券を窓口で発行してもらった。

ただし、整理券の発行は２日以内分までで、３日以降に乗車する場合には、乗車当日に発行してもらうことになる。つまり、混み具合によっては乗りたい時刻のバスに乗れないことがあるので要注意だ。

曇り空でもこの時期は暑さがきつい中、それでも上高地から集合場所の涸沢小屋までは、５時間を少し超えるくらいの時間で着いた。

涸沢小屋では、照井ガイドが笑顔で迎えてくれた。挨拶を交わした後、冷たい生ビールで火照った身体をクーリングダウンした。

前穂高岳北尾根

翌朝、暗いうちに小屋を出発し、予定通り5時に「5・6のコル」に着いた時には、周りが明るくなってきた。我々の前後には誰もいなかったので、ゆっくりと準備をして登り始めた。過去に一度登ったことのあるルートだったので、気持ちにも余裕があり周りの景色も楽しめた。

4峰は浮石が多く滑落や落石に注意が必要で、登攀の核心となる3峰はルートファインディングで誤ると難しくなると感じた。

7時20分頃には広い前穂高岳山頂に到着しガスの中で写真を撮った。展望も望めそうにないので、早々に下山しようとした時、紀美子平方面から登ってきたアジア系の3人組に声をかけられた。ズック靴にノーヘル、もちろんクライミングをするようには見えなかった。

【前穂高岳北尾根】

「こっちの道から下りられるか？」と、我々が登ってきた北尾根を指差したので、「そっちに行ったら死ぬよ」と答えた。

紀美子平分岐から吊り尾根を通り、奥穂高岳に9時45分到着。穂高岳山荘のテラスで小休止してからザイテングラートを下り、涸沢小屋に着いた時には、まだ昼の12時前だった。

北穂高岳東稜

次の日も夜明け前に小屋を出て、北穂高岳南稜の登山道を途中まで登り、大小とりどりの岩や石が散らばった急斜面をトラバースし、東稜尾根上でロープを結んだ。

通称「ゴジラの背」は両側がすっぱりと切れたリッジで、スリリングな登攀になるが、岩がしっかりしているので見た目ほどの危険はないかもしれない。むしろ、先行パーティーがいた場合、途中のトラバースでの落石に注意が必要だ。

快適なクライミングを終え、6時40分頃に北穂高小屋に着いた。

天候もよく、小屋のテラスからは前日に登った前穂高岳北尾根のギザギザした稜線や、以前に歩いた槍ヶ岳から大キレットまでの稜線がはっきりと見え、山行の記憶を呼び起こした。

コーヒーを飲みながら、ゆったりした気分で美しい光景を満喫した後、北穂高岳山頂を経由し、南稜を下って涸沢小屋まで戻った。山頂からは笠ヶ岳も見えたが、飛騨方面は雲海が広

【前穂高岳北尾根】

【槍ヶ岳から続く縦走路】

【笠ヶ岳と雲海】

がっていた。

南稜の下山ルートもなかなか気の抜けない危険な箇所が多いと感じた。さらに、小屋近くまで来た時に、猿の集団に出会い、その中のボス猿が5ｍくらいまで近づき威嚇してきた。ストックの先を向けたところボス猿は離れていった。

涸沢小屋には10時頃に到着し、小屋の人に猿の話をしたところ、以前に威嚇された登山客が石を投げて追い払ったが、その後、猿は仕返しに小屋の屋根に投石するようになったそうだ。文字通り「猿真似」だが、こちらの方は意図的な悪意があるため手に負えない。

その後、生ビールを飲みながら前穂高岳北尾根の稜線を眺めたり、高校野球中継を観たりして、まったりと過ごした。

まとめ

次の日、照井ガイドと2人で上高地まで下山した。涸沢から上高地までの所要時間は4時間30分とけっこう早かった。

台風の影響が心配されたが、全日よい条件で予定通りの山行ができ幸運だった。照井ガイドからビレイ器を使わない確保の仕方、登山靴や用具のこと、海外登山のことなどいろいろなことを教わった。

もちろん、岩稜帯のクライミングも安心してスピーディーに行うことができ、少しだけ体力面の自信もついたので、トレーニング山行は有意義だった。

我々が前穂高岳北尾根を登っていた日に、ジャンダルムで登山者が滑落死亡する痛ましい事故が発生した。

そのこととは直接関係ないが、槍穂連峰の危険な岩稜帯におぼつかない登山者が多く見られる。憧れのルートを歩くためには、冷静な自己分析が必要であり、積み重ねの経験や体力の余裕が必要だ。

山岳会に入り、経験豊かな先輩たちの下、技量を伸ばしていくか、または、お金はかかるが研修会に参加したり、プロのガイドから学んだりしながら登山力を磨くことが大切だと思った。

2【スイス】ツェルマットへ

この年の4月に、私は妻と一緒にカナダへ「ちょこっと旅」をしてきた。妻が年末に応募した格安ツアーに当選したからだ。ところが、本来は、現地で3日間、「オプションツアー」または「自由行動」があるはずが、カナダ航空の都合で予定便が欠航となり、現地2日（実質1日半）に短縮になった。行く気はすっかり失せてしまったが、成田まで来てしまったし、妻は行きたいと言うので行くことにした。結果的に、ロッキー山脈の山々の個性的な山容を見られただけでも来てよかったと思った。いつか、雪が溶けて花が咲き乱れ、湖の美しい季節、或いは、スケールの大きいマウンテンスキーのシーズンに再訪したいと思った。

この旅では、添乗員がいなかったので、空港内でどっちに行けばいいかとか、乗り継ぎ時の手続きで少し不安もあったが、カナダ人はとても気さくで親切だったので、拙い英語でも困ることはなかった。

しかし、今回は羽田空港を出発し、中東のカタール・ドーハ空港で乗り換えて、スイスのジュネーブ（ジェニーバ）国際空港まで一人旅だ。どうなることやら。

8月17日夜10時に、羽田空港国際線ターミナルの3階にあるカタール航空カウンターで、チェックインした。飛行機は予定通り、夜中0時1分に出発し、5時間後にドーハに着いた。飛行機から降りる時に、床に散乱するゴミがすごく気になった。中東の人たちは、あまりポイ捨てに罪悪感を持たないのか、座席の周りはどこもかしこもゴミだらけ、エコノミークラスだけじゃなく、前の方のビジネスクラスも同じだった。

飛行機から降りる一人ひとりの乗客ににこやかに声をかけて見送っている乗務員（CA）とのアンバランスな光景に違和感を持った。

ドーハに着いて、セキュリティーチェックを受けたりしながら、乗り継ぎゲートに移動しようとした時、ふと、「あれ？　スーツケースはどこ？」と思い、荷物の受け取り場所を探したがわからなかった。近くにいた係員に聞いてもよくわからなかったので、カウンターの職員に聞いてようやく解決した。

スーツケースは、ここではなく最終目的地のジュネーブで受け取るのだった。完全に勘違いで右往左往してしまった。次の搭乗まで3時間あったのでよかったが、もっと短時間だったらかなり焦っただろう。

ドーハからジュネーブまでも、引き続きカタール航空の飛行機で、5時間30分のフライト後、13時30分頃ジュネーブ国際空港に着いた。降りる時に見た機内の光景は同じだった。

荷物受けのターンテーブルからスーツケースを取り上げ、到着ロビーの出口を抜けると、石坂さんが笑顔で出迎えてくれた。

その後、同じく国際山岳ガイドのフランス人「セブ」が運転する車で、ザースフェー（Saas-Fee）まで移動した。

宿泊宿「ションブリック」に着いた時、大きな音がしたので、そちらを向くと、先客グループが、談笑していたテラスのテーブルの上に、突然2階の外壁に飾られた花プランターが落ちてきて粉々に割れたところだった。

幸いにもけが人はいなかったが、タイミングが悪ければ、大事故になるようなゾッとする出来事だった。

夕食は、街に繰り出してイタリア料理を食べたが、とても美味しかった。

日本とスイスの時差は、サマータイム時には、日本が7時間進んでいる。ザースフェーは夜９時頃だが、日本は早朝４時頃で、まだベッドの中で寝ている時間、道理で眠いはずだ。

3 8月19日(日)　ドライホルリニ（岩登りトレーニング）

車でザースアルマゲル（Saas-Almageller）へ移動し、約3時間のトレッキングでアルマゲラ小屋に到着した。

その後、小屋近くの「ドライホルリニ（Dri Horlini ３３４２m）」でクライミングを楽しんだ。

フランスの元モーグルナショナルチームのメンバー

【ドライホルリニ全景】

だったセブ（本名はセバスチャン）とロープを結び、開放感と高度感のある乾いた登りやすい岩壁を登った。

「ドライ」は、ドイツ語で「3」と習ったのは、数十年前の大学生時代だ。第二外国語として、ドイツ語を履修したが、今となっては、「アイン、ツバイ、ドライ……」と定番の「イッヒ　リーベ　ディッヒ」（I love you.）くらいしか覚えていない。

それと、早逝した友の下品なジョーク「イッヒ　フンバルト　デル　ウンチ」が、笑顔と共に思い出された。

４ 8月20日(月)　ワイスミス登攀（高度順応トレーニング）

次頁の写真の黄色ルートを登って、ワイスミス（Weissmies　４０１７ｍ）山頂を経由し赤色ルートを下りる縦走登山を行った。初めての標高４０００ｍ超え、体力的には楽ではなかったが、変化に富んだ楽しい縦走だった。

ヘッドランプ、ハーネスをつけアルマゲラ小屋を5時30分頃に出発し、約3時間ガレ場を歩き、岩稜の取り付きに着いた。

浮石を落とさないよう慎重に登り始め、今にも落ちそうな、微妙にバランスを取った大岩の下を抜けたり、気の抜けない薄氷が張ったスラブを滑らないように登ったり、緊張する場面の多い登攀を終えると、クランポン（アイゼン：靴底につける鉄製の爪）を装着し、雪上を登りつめて13時に山頂に着いた。

その後も長い縦走が続き、アルマゲラ小屋に17時頃到着した。

12時間の縦走登山はようやく終わったものの、それから4時間を要してザースアルマゲルまで下山し、そこから車で宿泊地となるツェルマットのアパートに着いた時には22時を過ぎていた。とことん歩いた1日だった。

変化に富んだ4000m峰を初めて登ったが、

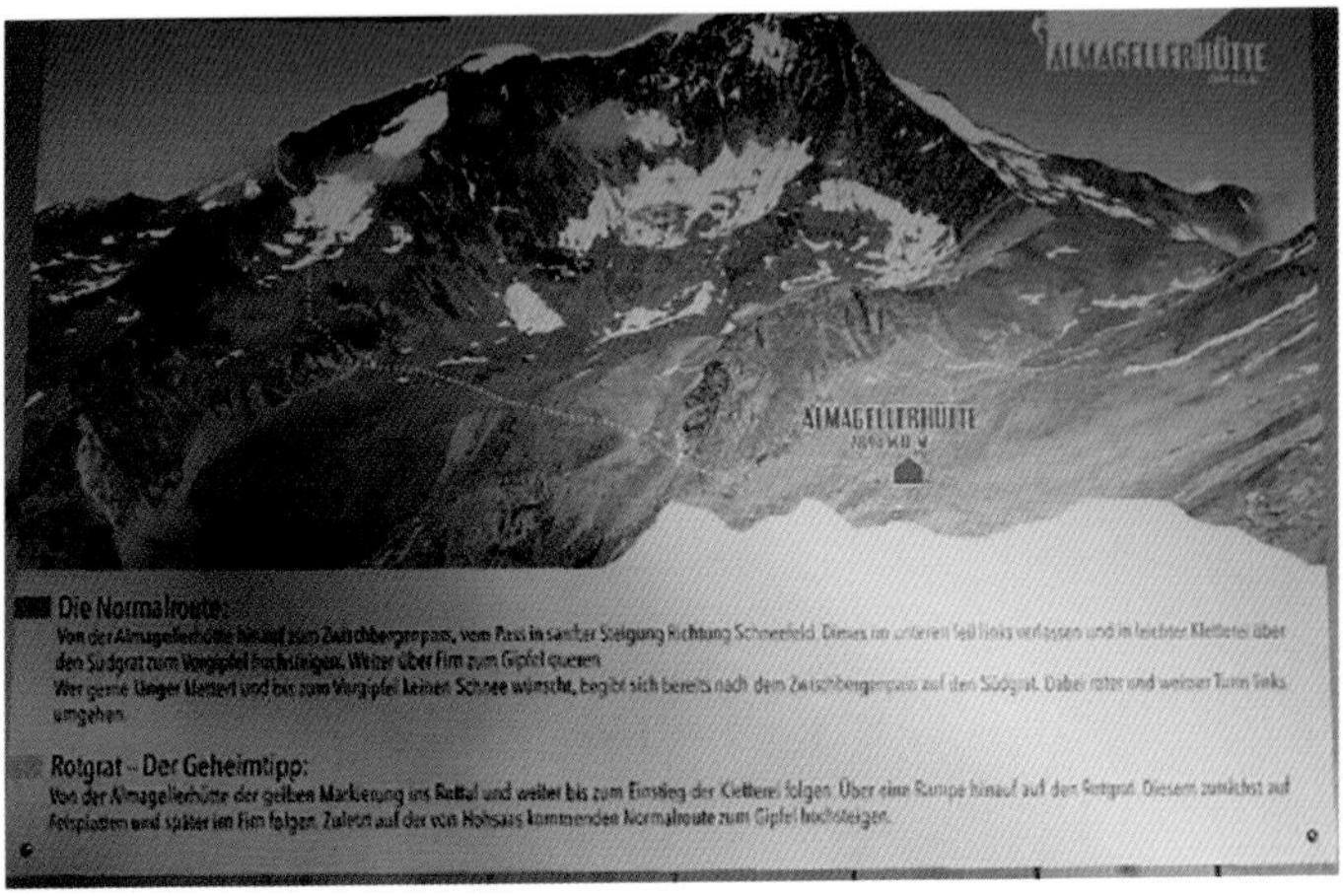

【ワイスミス全景】

信頼できるガイドのおかげで不安なく楽しめた。

石坂ガイドによると、マッターホルン登頂よりも、こちらの方の難易度が高いそうで、それを聞いてマッターホルンもやれそうな気がした。

【微妙なバランスの大岩】

【薄氷のスラブ】

【ワイスミスの雪稜】

【頼りになる２人のガイド】

5 8月21日(火)　ゴルナーグラート展望台（休養日）

ツェルマットからゴルナーグラート鉄道に乗って、およそ40分で展望台に着く。標高3000mを超える展望台からは、モンテ・ローザから名峰マッターホルンまで4000m級の山々が連なる絶景が満喫できた……と書きたいところだが、あいにくの曇り空で絶景とまではいかなかった。

チケット料金は、「スイストラベルパス」や「スイスハーフフェアカード」といった鉄道パスを持っていると50％割引になるが、通常は、「ツェルマットと最頂部のゴルナーグラート往復」の場合、大人1人98スイスフラン（CHF）、日本円で約1万3600円と高額だ。

6 8月22日(水)　ヘルンリ小屋へ移動

午前中に、教会横のキルヒ広場にあるマッターホルン博物館を訪れた。

難攻不落と言われていたマッターホルンの初登頂は、1865年7月14日に英国人エドワード・ウィンパー率いる7人のチームによってなされた。しかし、下山中に3人が滑落死する悲劇となったが、その際に切れたロープも展示されていた。

登山のベースキャンプとも言えるツェルマットは、マッターホルンの初登頂を契機に旅行客

【ゴルナーグラート展望台】

【マッターホルン博物館】

【ヘルンリ小屋への道】

が続々と押し寄せ、スイス随一の山岳リゾート地として発展してきた。

この博物館は、マッターホルン登頂の歴史や、昔のツェルマットの生活の様子を知るために、じっくり時間をかけて見学したいところだ。

入場料は、大人10ＣＨＦ、子ども（10－16歳）５ＣＨＦ、シニア（64歳以上）８ＣＨＦ、９歳以下とミュージアムパス／スイストラベルパスがある場合は無料入館できる。


午後からヘルンリ小屋に向かった。ホテルからグレシャーパラダイス・ゴンドラの乗り場へは、歩いて約10分で着いた。

ゴンドラで、フーリー駅を経由してシュヴァルツゼー駅で降車し、いよいよマッターホルン登頂へのスタートを切った。


ヘルンリ小屋への道は、よく整備され快適だが、近くなるに連れて岩稜へと変わり、簡単な岩場や鎖場が出てきた。つい数日前に崩落した登山道の修復が終わって、通れるようになったばかりとのことで幸運だった。

シュヴァルツゼー駅からヘルンリ小屋までは、どんよりした天候の中、マッターホルンを真正面に見ながら、ゆっくりペースで２時間ほどだった。

7 8月23日㈭　マッターホルン登頂

朝4時30頃にヘルンリ小屋を出て、取り付きに向かった。小屋を出てよい時間や順番は暗黙のルールとして決まっている。抜け駆けで早く出発することはできないし、順番は地元ガイド、次にツェルマット以外のスイス、欧州、アジア、最後にガイドレスと続く。

午後から天候が崩れやすいこともあり、現地ガイドは、スピード＝安全と考えるためか、登るスピードが速い。取り付きから山頂までのちょうど中間部にある「ソルベイ小屋」まで、3時間以内で登らないと、登り続けたくても下山させられる。

取り付きでは早くも渋滞していて、30人くらいが我々の前で順番待ちしていた。出だしから、太いロープを頼りに垂直の岩壁を15mほど登らなければならないので、自分たちの番まで20分ほど待ち、5時20分頃に登り始めた。

「スピード＝安全」に準じてか、我々のガイドもけっして遅いペースではなく、ソルベイ小屋まで2時間を少し超えるくらいで着いた。それまでは、写真を撮る時間はおろか休憩もほとんどなく、ここでやっと10分ほど渋滞待ちを含めた休憩を取った。後半も、太いフィックスロープの場所は3～4カ所あり、オーバーハング気味の所ではロープを頼りに強引に足を上げなければならず腕がパンプしそうだった。アイゼンを装着しての雪壁も山頂稜線に出るまでは、急

【順番待ちのスタート】

【あと少しで頂上】

【イタリア側の頂上にて】

【スイス側頂上にて】

傾斜で息も上がったが、ワイスミス（４０１７ｍ）を事前に登っていたので疲れ切るほどではなかった。

10時頃、登山者の安全を見守る聖像の横を抜け、ほどなくして快晴無風のマッターホルン山頂に着いた。

山頂では写真を撮ったり、１００ｍほど離れたイタリア側の山頂に行ってみたり、ゆっくりしているうちに周りに誰もいなくなっていた。そもそも、山頂ですれ違った人はあまり多くなかったように思う。

下山は、ローワーダウンで体力的には楽だが、２人同時の行動にならない分時間もかかるため、結局、ヘルンリ小屋まで5時間ほどかかった。そのため、ゴンドラの最終便に間に合わず、フーリーまで歩いた。フーリーに19時頃に着いた時には、登頂を祝うかのように綺麗な虹がかかっていた。

その後、タクシーを呼び、ツェルマットのアパートに着いた時には、20時を過ぎていた。

天候にも恵まれ念願の登頂を果たしたが、コースは複雑でガイドレスの登頂はかなり難しいと感じた。

登頂した翌日は雨模様で、翌々日は雪が降り、我々が今シーズン最後のマッターホルン登頂者だったかもしれないとのことだった。

8 8月24日㈮　スネガパラダイス（休養日）

ツェルマットからスネガパラダイスへはケーブルカーに乗り約３分で到着する。

下の街から走って登るロードレースがあり、その大会に、今回の山行で大変お世話になったトレッキングガイドのメグさんが出るので応援に行った。

結果は、見事に第３位で表彰台に上がった。

小雨が降っていたが、付近のライゼー湖に映る逆さマッターホルンを見ることができた。

9 8月25日(土) イェッギーホルン(マルチピッチクライミング)

ザースグルンドスキー場のゴンドラを降りてから、快適なハイキング道を1時間ほど歩いて、取り付きに着いた。

クライミングルートの難易度は、デシマルグレードで5・6〜5・7くらいだったので、登り始めは快調だった。

後続のスイス人2人は、「つるべ式」で代わるがわるトップを交代していたが、追い抜かれることもなく、各ピッチの終了点で一緒になった。

このルートを登るのは、1人は初めてで、もう1人は3、4回目、友達同士だと言っていた。2人ともクライミングシューズではなく、登山靴で登っていたのには、さすが山岳大国スイスのクライマーだと感心した。

途中から小雪が降り、ビレイしている時にはとても寒く、手もかじかみどうなることかと思ったが、岩が濡れる

前に登り切ったのでよかった。

12ピッチのスラブ、フェース、クラックと入り混じった長いルートは、登りがいがありとても楽しかった。

10 帰　国

- 8月26日(日)　ジュネーブ空港へ移動（車で）↓
ジュネーブ発17：05
- 8月27日(月)　ドーハ着00：05・ドーハ発6：45↓
羽田着22：40

【登頂証明書をセブから受けとる】

2 マッターホルン登頂記まとめ

マッターホルンに登るのは夢だった。

定年退職したのを機に、登りたい気持ちが膨らんでいたが、経費も安くないので躊躇いもあった。

「やりたいことにお金を使わないで、いつ使うの？　あの世までお金は持っていけないよ。今でしょ、使うのは」という妻の後押しもあって、清水の舞台から飛び降りるような気持ちで決行した。

幸運だったのは、経験豊かなよいガイドに出会ったことだ。

ドライホルリニ登攀、ワイスミス縦走を通して、高度感や薄い空気での行動に慣れたことも自信になり、マッターホルン登頂へのステップアップになった。

４０００ｍを超える高所での長時間行動は、思っていたとおり苦しかったが、その分、山頂を踏んだことの達成感は半端なくすばらしいものだった。

全てのクライミングでロープを結び、ガイドしてくれたフランス人ガイドのセブは、常に「Good job!」と声をかけてくれた。

トレーニングで前穂高岳北尾根と北穂高岳東稜をガイドしてくれた照井ガイドの奥様でもあるメグさんは、自分のトレッキングガイドの仕事がありながら、夜遅く、また朝早く食事を作ってくれた。

マッターホルン登攀途中で食べたメグさんの「おにぎり」は、スイスで食べたどの料理よりも美味しかった。

よいガイドに巡り合うことが、よい山行の条件だと痛感した充実の11日間だった。

第3話

ヒマラヤへ行く

1　病気の発覚と決意

要精密検査

２０１７年2月に私は、東北中央病院で人間ドックを受け、その結果、胃の内視鏡検査を受けるように勧められた。しかし、定年退職と次年度の準備を控えた多忙な時期でもあり、そのまま病院に行かずにいた。

退職後も、普段、特に異常を感じなかったので、いつの間にか受診のことも忘れ、せっせと山歩きを楽しんでいた。

そして、２０１８年、息子夫婦の結婚披露宴も無事に済んだ1カ月後に、スイスのマッターホルン登頂を目指して初めての海外登山に出かけた。

マッターホルンの登頂を無事に果たして帰国した私は、10月に県予防医学協会で人間ドックを受診した。健康だけが取り柄の自分にとっては、血圧が多少高いくらいの結果を予想していたが、受診したことも忘れかけていた頃、「人間ドック結果のお知らせ」という冊子が送られてきた。

ほとんどの項目は良好だったが、「腹部超音波検査」と「胃部X線検査」で要精密検査だった。

かかりつけのクリニックで腹部の超音波検査をあらためて受け、指摘された膵臓や胆のうの心配はないとのことだった。

しかし、内視鏡検査（胃カメラ）では、胃の中央部辺りにポリープと赤い発疹が認められ、組織の一部を取り、生体組織診断（生検）に回されることになった。

胃がん手術と治療

11月末に生検の結果が出て、薄々予想していた通りがん細胞が出たとのことだった。大病院での治療が必要であり、あらためて精密検査を行ってから、がんのステージを把握し治療方法を決めることになった。

12月はじめに、岩手県立中部病院で再び胃カメラ、大腸カメラ、超音波検査、ＣＴ検査などの精密検査を受けた。

10日ほど経ってから、担当医のK先生から告げられた。「残念ながら胃がんです。胃の中央部付近に粘膜層を越えて、筋肉層に入り込んだがんが見つかりました。手術が必要です」と。

その時は、動揺することもなく冷静に受け止め、帰宅してからがん治療についていろいろ調べてみた。治療方法としては、客観的なデータの蓄積から最善の治療方法であると国が認める「標準治療」と、真逆の主張で「がんは放っておくのが一番いい。手術や抗がん剤治療は死を早める」と考え、患者にがんの放置を勧めたり、「○○治療でがんが消えた」など民間療法を勧めたりする、いわば「非標準治療」の二つに大別されることがわかった。

健康な時にはこんなことも知らなかったが、できれば痛い思いや苦しい思いをせずに治ることを望むのが人情というものだ。しかし、選択を間違えれば、あっと言う間に死期が迫ってくるだろうと思い、1週間後の診察でK先生に聞いてみた。

「先生の大切な家族が、今の私と同じ状況なら手術を勧めますか?」と。

間髪入れずに、「もちろん、手術を勧めます」という明快な回答で心が固まった。

年が明けて1月中旬に、腹腔鏡下手術がK先生の執刀により行われ、胃の3分の2が切除された。摘出された患部の生検の結果、がん細胞は複数のリンパ節からも発見され、ステージは「Ⅲに近いⅡb」、転移や再発の危険性も低くないとのことだった。

その後、抗がん剤を服用しながら体力の回復に努めたが、副作用により体調が悪かったり、食べられる量が少ないために体重が増えなかったりと、なかなか回復が進まなかった。

また、抗がん剤治療の効果について、「効果があるか、ないかはわからない。効果がなかった時だけ、なかったことがわかる」と聞いていたので、継続するための覚悟と根気が必要だった。

1年間抗がん剤治療を続けられる患者は、3割程度とK先生に言われていたが、家族の協力もあり何とか粘ってその中に入ることができた。

そして、手術から1年3カ月、投薬開始から1年後、諸検査の結果から再発や転移がないことがわかり、抗がん剤治療が終わった。

エベレスト街道トレッキング説明会

ちょうどその頃、岩手県人2人目となるエベレスト・サミッターの講演が開かれた。「株式会社ワンダーズアドベンチャー」代表の中山岳史さんの「エベレスト街道トレッキング説明会」だった。

おもしろそうなので妻と一緒に、奥州市の会場まで行ってみた。

軽妙でわかりやすいトークもさることながら、ヒマラヤのスケールの大きい山々を写真や映像で見て、「行ってみたい！　歩いてみたい！　実際に自分の目で見てみたい！」と強く思った。あまりの衝撃に私は、次の日に盛岡で開催された説明会にも1人で行き、終わった後にワクワクした気持ちで、中山さんにいろいろと質問をぶつけてみた。

エベレストに登頂してみたいという妄想もなかったわけではないが、自分の実力や体力を考えると現実的ではない。

しかし、エベレスト登山の高地順応のために登られている６０００ｍ峰なら可能かもしれない。経験したこともない高さに自分の身体がどう反応するのか、そんな高い山から見る景色はどんなものなのか、興味がどんどん膨らんでいった。

後日、中山さんと相談して「標高５０００ｍを超える三つのトレッキングピーク」と、「ロブチェピーク（イースト、６０９０ｍ）登山」に挑戦することにした。

決意

何となく健康には自信があり、何となく生きてきた自分が、大病を患ったことで、「残された時間」の大切さに気づいた。これまでの人生を振り返ると、自堕落だったり、人に迷惑をかけたり、傷つけたりと反省することも多いが、過去の出来事やいろいろなしがらみにとらわれるよりも、「シンプルに生きること」を大事にし、思い残すことなくやりたいことをやろうと決めた。

「時間は無限じゃないけど、まだ十分にあるぞ！」
闘病のために一時停止していた私の山旅は、再び動き始めた。

本編は、初めてヒマラヤを歩いたがんサバイバーのトレッキング記（一部、高所登山も含む）であるが、歩いたエリアはエベレスト街道を中心としたクンブ地方の限られた範囲である。季節も11月という「乾季の秋」限定版である。毎日、晴天が続き、風もそよと弱く、雨季のトレッキングとは比べものにならないことは明白である。

しかも、トレッキング開始3日目くらいから強力な風邪の症状が現れ、その後、ずっと体調が悪かったという特殊事情が加わっている。

そのような条件の中で、自分の体験不足を棚に上げながら、勝手な思い込みや偏った感想を書いているかもしれない。

読み手の側で冷静に受け止めて笑読いただきたい。

なお、山の標高等が本・雑誌、ＳＮＳなどの情報によってバラバラであり、本書では、基本的に『Lukla to EVEREST BASE CAMP』５万分の１地形図に記載されている数値や名称を使用している。

掲載した写真は、すべて自分で撮ったもので、スマートフォンとコンパクトカメラを使用した記録写真に過ぎないことをご承知おき願いたい。

2

富士山トレーニング山行

今回の山行では、標高5500m前後の三つのトレッキングピークと6000mを超えるサミットプッシュがあり、空気が薄いことにより酸素不足で動けなくなったり、高山病になったりしないか不安があった。

少しでもその不安を和らげるためには、高山に登り薄い空気に身体を慣れさせることが必要だった。しかし、日本で一番標高の高い富士山でさえ3776mしかなく、今回のピークの6〜7割の高さだ。

それでも、やらないよりはましだろうと、日本を出発する約3週間前に、トレーニング山行として単独で富士山に登った。

富士山の開山期間は7月上旬から9月上旬で、それ以降山頂への登山道は通行止めとなる。閉山期の富士山は、気象条件が厳しく突風や吹雪による転倒や道迷い、アイスバーンによる滑落などの事故や遭難のリスクが高い。実際にベテランの登山者を含めた遭難や死亡事故も多数発生している。

【モルゲンロート】

【剣ヶ峰】

一方では、山小屋も営業を終了するためトイレ問題もある。こうした遭難事故の防止や自然環境を保全するため、平成25年に「富士登山における安全確保のためのガイドライン」が策定され、令和3年3月に3度目の改定がなされた。

【「富士登山における安全確保のためのガイドライン」（主に夏山期間以外における注意事項）、富士山における適正利用推進協議会】

このガイドラインによると、開山期間以外でも「十分な技術・経験・知識としっかりした装備・計画を持った者の登山を妨げるものではない。」とし、「万全な準備をしない登山者（スキー・スノーボードによる滑走を含む）は禁止する。」としている。

【10月のつらら】

具体的には、閉山期の登山を行う登山者に、①「登山計画書」を必ず作成・提出すること、②万全な装備、③携帯トイレを持参し、排せつ物を持ち帰ること、などが求められている。

これらのことを十分に理解しながら、自己責任において通行止めを越えた。

吉田口五合目の閉山期でも唯一営業している山小屋で休憩を取り、夜中に出発し、翌日のバスに間に合うよう下りてくる日帰り登山だった。

寝不足のためか、風邪気味のためかわからないが、スタート時点ですでに軽い頭痛があり、標高3000mを超える辺りから疲れが出てきたが、途中で引き返すほどの疲労感ではなかった。

また、標高が高くなるにつれ寒さも増したが、冬用の装備だったので問題なかった。お鉢巡りの稜線で強風や突風があったものの全体的には弱い風、曇り空の下、快適な条件で登山ができた。

モルゲンロートで真っ赤に染まる赤富士、雲海に浮かぶ八ヶ岳や南アルプスの山並みなど、美しい光景に感動した1日だった。

高所順応のためのトレーニングとして有効だったかどうかは、正直なところよくわからなかったが、気分的には準備が整った。

行動時間11時間30分、距離13・7㎞、登り1661m、下り1643m。

3 【ネパール】エベレスト街道へ

出発

10月末の小春日和に、「楽しんできてね。無事に帰ってきてね」と妻に見送られた。東北新幹線やまびこ号は、定刻に発車し、車窓から見える風景は稲刈りが終わりすっきりとした田圃、所々で野焼きの煙が立ち昇る。

1カ月ほど前は、長雨の影響で倒伏した稲に手を焼きながら、コンバインを動かしていた。念願だった山行は、当初、稲刈り後の10月中旬を予定していたが、マレーシア航空のフライト変更によって、この時期にずれ込んだ。

しかし、乾季である11月も晴天率が高いので、トレッキングには最適のシーズンであった。

出発の前日は、成田空港ターミナルビルまでの移動だけで、別段やることもない。「千葉とく旅キャンペーン」で貰った地域限定クーポン3000円分は、翌日までの期限付きなので夕食時に使うことにした。

ターミナルビル内のレストランで、生ビールと「ステーキコンボ（サーロインステーキ、野菜サラダ、フライドポテト、ライス)」を実費180円で食べた。

明日からしばらく日本食を食べられないので、そば定食か刺身定食を食べようと考えていたが、メニューサンプルが美味しそうに見えたので、つい……。

見栄えとか、ネーミングは大事だよなぁと思う反面、自分の意志の弱さ、優柔不断さがわかる。裏を返せば物事に固執しない柔軟さがある、と都合よく解釈する。

生ビールを飲みながら、これが最後の晩餐だったら何を食べるのかな、と考えてみると、「食べるものにはこだわらないけど、家で家族と一緒に食べる」という結論だった。

翌日(出発日)は、朝8時に3階サポートセンター前に集合するように事前の連絡を受けていたが、30分以上の時間があったので、2階フロアーを自動巡回している警備ロボットをボーっと眺めたり、空港備え付けの無料

【警備ロボット】

ポートでスマートフォンを充電したりして過ごした。

時間が経ち、集合時間10分くらい前に集合場所に行ったところ、だれもいないではないか！もしや場所や時間を間違えたかもしれないと焦っていた時、「ワンダーズアドベンチャー」の小旗を持った女性が近づいてきた。中山代表の奥さんだった。

マレーシア航空受付カウンターがすでにオープンし、フロアーもかなり混み始めたので、他の参加者はすでにチェックインのために並んでいるとのことだった。

グループの最後尾に割り込ませてもらい、その後は搭乗までスムーズに進んだ。

今回の山行は、募集型企画旅行（パッケージツアー）のように、すべての行程を共にするわけではなく、個人の旅行計画の内、共に行動できるところはそうするというものだった。その方が経費的にも節約できるし、ガイドも参加者の面倒を見やすいという利点がある。

参加者は、50代半ばから70代半ばの年齢層で、女性6名、男性4名だった。

乗り継ぎ

成田国際空港から出発し、マレーシアのクアラルンプールで乗り継ぎをして、ネパールの首都カトマンズにあるトリブバン国際空港までは、13時間ほどかかる。

先ずは前半戦をどう過ごそうか考えたが、離陸してしばらくすると、台風の影響で機体がけっこう強く揺れはじめ、さすがに読書もままならないので、映画を観ることにした。選んだのは、『ＢＡＲＡＧＡＫＩ』（Unbroken Samurai）というタイトルの日本映画だった。

映画が進んでいくうちに、「あれ？　これ前に映画館で見たことがあるぞ。でも、ＢＡＲＡＧＡＫＩというタイトルだったかなぁ？」。

日本でのタイトルが思い出せず、魚の骨が喉に引っかかったような感じだったが、エンディングのスクロールに、原作司馬遼太郎『燃えよ剣』と出たので、これだ！　と納得しすっきりした。


マレーシアのクアラルンプール国際空港には、日本時間で17時40分に着いた。時差が1時間あるので、現地時間は16時40分、次のカトマンズ行き飛行機の搭乗まで４時間近くも時間があった。


暇つぶしに、スターバックスでコーヒーを注文し、レジで代金をクレジットカード払いしようとすると、店員の若いお兄さんが、盛んに英語で何か言ってきた。

マレーシア訛り？なのかアクセントも強く、おまけに早口のため、なかなか聞き取れない。

「なーめ？」って言ってる？
頭をフル回転させ、「あ、名前だな」と思い、「Kikuchi」と言ったら大当たり。
それでも、クレジットカードを使う時に、名前を聞かれるのかと半信半疑だったが、その店員はおもむろに紙コップにマジックで「Kikuchi」と書いたので合点がいった。

それにしても、あの「なーめ？」の発音はいったい、「Name?」と言ったのか、「なまえ？」と言ったのか未だにわからない。
毎日早起きしてＮＨＫ『ラジオ英会話』を3年以上聴いているし、日本語は、ネイティブで60年以上のキャリアがあるのに、「Name?」だろうが、「なまえ？」だろうが、聞き取れなかったことは少しショックだった。

クアラルンプール国際空港からトリブバン国際空港（カトマンズ空港）までの移動もマレーシア航空だった。預け荷物は１人20kg以内、機内に持ち込める手荷物は７kg以内かつ縦×横×厚みの合計が１１５㎝以内。また、ナイフなどの刃物や先の尖ったもの、１００mlを超える液体など内容に関しても制限されている。

荷物検査を無事に通過したが、問題は機内に入ってから起き、そのことに気づいたのは飛行機から降りる時だった。

座席の上にあるオーバーヘッド・ビン（蓋の閉まる荷物置き場）は、すでに他の乗客の荷物でいっぱいで、乗務員（ＣＡ）に指示されて、３ｍほど後方のビンに自分の手荷物を入れた。

飛行機は順調に航行し、トリブバン国際空港に近づくにつれて、都市部の鮮やかな夜景に見とれたり、機内アナウンスでの機長の挨拶を聞いたりして、着陸を待っていた。

カトマンズ「トリブバン空港」

着陸後、乗客はシートベルト着用サインが消えると共に、先を争うように行動を開始し、狭い通路は身動きが取れない状況になった。人の流れは後方から出入口のある前方へと向かうため、流れに逆らって後ろのビンに置いた荷物を取りに行くことはできず、結局、自分より後ろの人が通路からいなくなって、ようやく荷物を降ろし飛行機から降りた。

飛行機から降りると空港まで運んでくれるシャトルバスが待っていた。バスは10分くらい経ってから出発したが、最終便の車内に知った顔はなかった。皆さんが待っているだろうと思っていた場所にも誰もいなかった。

もう少し先で待っているかもしれないと思い、1人で「入国審査（immigration）」を受け、1階に移動し「保安検査」（手荷物のX線検査）を受け、さらに、預け荷物の受け取り場所まで進んだ。

その場所にも誰もいなかったので、「もしかしたら間違った場所にきているのかもしれない」と思ったが、荷物を受け出すターンテーブルの柱には、乗ってきたマレーシア航空の便名が表示されていた。

先ずは一安心したが、他の乗客は次々とターンテーブルから自分の荷物を取り上げているのに、自分の荷物はなかなか出てこない。もしや、トラブルか！　と思い始めた時、見覚えのあるスーツケースがやっと出てきた。

しかし、問題はまだ解決していなかった。皆さんは、すでに到着待合室まで移動していると思い、最後の関所である「税関」に進むことにした。申告するものもないのでスムーズに通ったが、後は空港の出口に進むしかない。

スマートフォンは、現地の格安SIMを使うために、すでにSIMロック解除をしていたので通話もLINEもできなかった。

不安な気持ちで重いスーツケースをガラガラ引っ張りながら歩いていると、タクシーやホテルの勧誘で話しかけられたが、無視して歩き続けると、今度は満面の笑みを浮かべて知らない男性が近づいてきて、「きくちさん？」と声をかけられた。

現地エージェント「グラシアヒマラヤ」の社長、デンディーさんだった。

皆さんがすでにホテルに移動したのか聞いたところ、私が一番乗りであることを日本語で教えてくれた。

「えっ！」と驚いたが、5分ほどして、皆さんが現れやっと合流できた。

私を待っている間に、トイレタイムを取り、どうやらその時に追い越したようだ。

ルクラへ

カトマンズ市内タメル地区にある「FUJI HOTEL」に到着した時には、すでに日付が変わっていた。しかし、明朝のルクラ行きの飛行機に乗るため、ポーターに運んでもらう荷物をスーツケースからボストンバッグに詰め替えたり、厳冬期用シュラフを借りたりしているうちに、休憩時間が3～4時間しかなくなり、ベッドに入っても目が覚めたままだった。

エベレスト街道トレッキングの玄関口となるルクラのテンジン・ヒラリー空港は、山間の高所にあるため天候の影響を受けやすく、運行中止になったり遅れたりすることが珍しくない。また、コロナ禍で規制されていた出入国も緩和され、トレッカーの数も回復しているようだ。輸送能力以上にトレッカーが増えると、悪天候以外の要因でも飛行機の運行に支障が出てくる。

近年、トリブバン空港の滑走路の利用渋滞により、天候は安定しているのに、飛行機が飛ばない状況がままあるようだ。このため、トレッキングシーズン中は、カトマンズ⇕ルクラ間直行便の代わりに、カトマンズから東に約１３０㎞、車で約４時間の場所にあるマンタリ空港(ラメチャップ空港)へ移動し、そこから空路ルクラ便を利用することが多くなっている。

マンタリ空港発のルクラ便は、通常午前中の早い時間の運航となるため、車での移動はカトマンズを未明に出発しなければならない。

遅い時間にカトマンズに到着して、すぐに長時間の車移動では、トレッキング開始から疲れた状態であり、高所順応にも悪影響があるかもしれない。

しかし、今回は現地エージェント「グラシアヒマラヤ」のおかげで、6時発の「チャーター便」に搭乗することができた。

我々の人数に、数名のトレッカーが同乗することで飛行機の搭乗定員ギリギリとし、航空会社にチャーター便を出すように交渉したようだ。

先ずはともあれ、順調な滑り出しになって幸運だった。

4　「ロブチェイースト（Lobuche East　6090m）」登頂

ハアハア、ゼェゼェと呼吸は乱れ、心臓の鼓動もドクドクと早鐘を打っている。ネパール語の「ビスターリー（ゆっくり）」を心の中で唱えながら、フィックスロープに噛ませたユマール（ハンドアッセンダー）を高く引き上げる。そして、ガイドのチェパさんの踏み跡をなぞるように一歩一歩足を進める。

快晴無風で、壮大な山々が目の端に入ってくるが、じっくり味わっている余裕はない。

5000mを超えている標高では、酸素濃度も平地の半分くらいだ。一挙手一投足、同じ動作を繰り返し、喘ぎながら高度を上げていく。

【中央左寄り　雪を被ったロブチェピーク】

急斜面の雪壁と格闘すること3時間、腕を伸ばしたユマールの30ｍほど先でチェパさんが笑顔で座っていた。

そこは、傾斜が緩くなったピーク状で、頂上を示すものは何もないが標高6090ｍのロブチェイーストのピークだった。さらに細いリッジが上部へと続いていたが、危険性が高いのかここがゴールとされていた。

遠くに目をやると、エベレストやローツェ、ヌプツェ、マカルーなどが連なり、山岳雑誌の写真で見るような壮大な風景だった。


ようやく辿り着いた頂なのに、何故か涙が流れるような感動はなく、「よく登ったな」という達成感とほっとした気持ちが実感だった。

登ってくるコースは、技術的に難しいとは感じなかったが、「標高が高く酸素が薄い」というハードルはかなり高く感じた。チェパさんのサポートがなければ、一人では登れなかったかもしれない。

【ハイキャンプ】

【頂上に立つ】

【ガイドのチェパさん】

チェパさんは、16歳でポーターになり、その後、高所登山のキッチンボーイなども経て、24歳でエベレスト初登頂、今ではエベレスト7回、ローツェ4回登頂をはじめ多くの高所登山を経験しているクライマーであり、信頼できるガイドだ。

その一端を見る出来事が下山中にあった。我々がハイキャンプに向けて下っている時、ガイドに連れられた若い女性とすれ違ったが、彼女はサングラスもゴーグルもかけていなかった。すでに陽は昇って雪面を照らし、眩しいほど明るかった。

チェパさんが、ガイドに聞くと、彼女が持ってくるのを忘れたとのことだった。目の障害や遭難の原因になりかねない状況に、私は内心呆れるやら腹が立つやら、「こんなガイドとは、絶対に一緒に登りたくないな」と思った。

その時、チェパさんが背負っていたザックを降ろし、中から予備のサングラスを取り出して貸してあげたのだ。

いつも、登山客用に予備の装備を持ち歩いているそうだ。プロガイドとして当たり前のことかもしれないが、人の命を預かるプロとしての責任感に感心した。

下山開始から1時間ほどでハイキャンプまで戻り、ロブチェピーク登頂という、今回の山行の最大目標を無事に達成した。

実際に経験してわかることだが、酸素不足の状況下では、靴を履くのも一苦労であり、ましてや頂上に向けて一歩ずつ標高を上げていく行為は、自分の限界に近い所で、心身の強さが試される。

安全第一にサポートしてくれたチェパさんに不平を言うつもりは全くないが、クライマーの端くれとしては、何でもかんでもやってもらったことに内心、消化不良な思いもあった。

心身の強さが試される状況下で、自分の弱さを知り、悔しかった思いが不完全燃焼の理由だ。

しかし、引っ張りあげられたのではなく、自分の手足で一歩ずつ登ったことを成果とし、悔しさは次に生かすことにする。

5 「エベレスト街道」

―体調不良とトレッキングの現実―

ヒマラヤトレッキングのベストシーズンは、天候が安定する乾季の10月中旬から11月いっぱいとされている。

しかし、標高の高い所では、11月も日が経つほどに寒さが増し、空気が乾燥しているので風邪をひきやすくなる。私も油断していたわけではないが、ナムチェの辺りから高熱・咳・鼻汁に悩んだ。熱は解熱剤を使ったこともあり3日ほど経つと少し下がったが、「止まらない咳と鼻汁」は、ついに帰国しても続き、病院に行くと、「1カ月もこの状態を放っておくなんて」と呆れられ、X線やCT検査の結果、全治6カ月の「肺炎」と診断された。

そんなわけで、トレッキングもロブチェピーク登山も最悪の体調で、よくぞ死なずに歩き通したなと我ながら感心したが、運が良かっただけだと思う。

ヒマラヤでのトレッキングを気持ちよく行うためには、「高所順応」、「粉塵対策」に加えて、「寒さ・乾燥対策」が重要であることを実感した。

歩いたコースと登った山の概念図

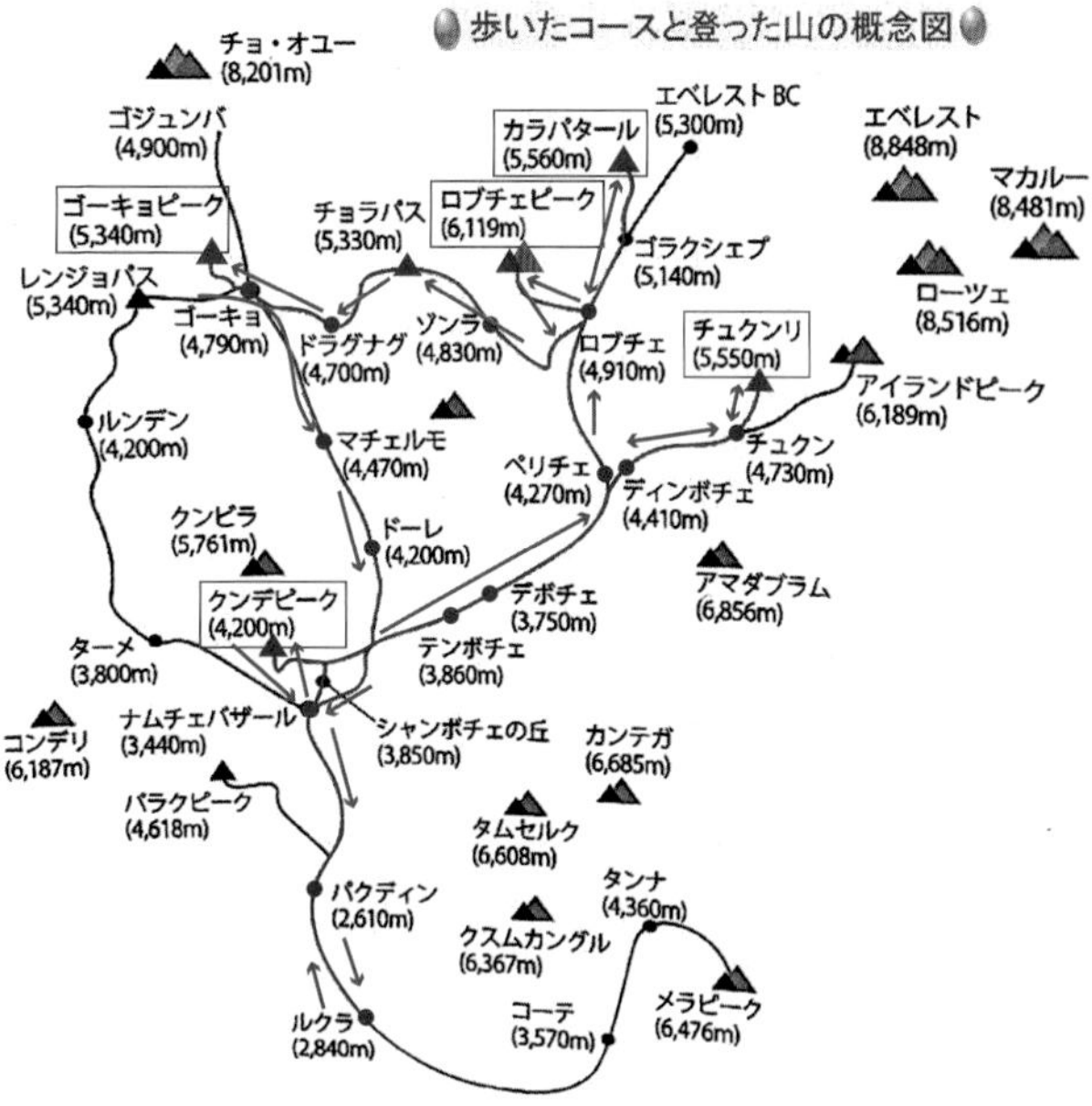

※山の標高は、Nepal Map Publisher発行の『Lukla to EVEREST BASE CAMP』に示されている数値と異なるものがある。

1 1日目

ルクラ（Lukla　2840m）→トクトク（Toktok　2760m）

アップダウンの比較的少ない、ゾッキョやロバの糞だらけの道を息切らすこともなく歩き、宿泊地であるトクトクに着いた。

ゾッキョやロバの糞は、乾くと土埃とともに粉塵になるので要注意だ。市販の不織布マスクは、眼鏡が曇ったり、口の周りが濡れたりするので、マフラーのように巻ける布が良いと思う。

宿を少し越えて石段を50ｍほど上がると、夕照に白く輝くタムセルク（6618ｍ）が見え、神々しく美しかった。

［メモ］ルクラ

シーター・エアの双発プロペラ機は、トリブバン空港を離陸してから40分ほどで、テンジン・ヒラリー空港の滑走路に無事着陸し、そのまま駐機場の方に入ってから停止した。

機内ではまばらに拍手が起こったが、滑走路が５２７ｍしかない。「世界で最も危険な空港」と言われる所以だろう。

ルクラの空は、カトマンズよりずっと澄み渡り、これから始まるトレッキングへの気持ちが高まった。

飛行場から出て階段を上がると、すぐにルクラのメイン通りが始まる。

２ｍ幅ほどの石畳の道の両側には、土産物屋、登山用品店、日用雑貨店、宿泊のためのロッジやレストランなどが並んでいる。

その中で、「EVEREST PLAZA」というレストランの2階に案内され、これから同行する2人のガイドが紹介された。

「チェパ」と「フラ」というニックネームの日本語が堪能な30代後半のガイドだった。

【テンジン・ヒラリー空港】

昼食後、近くにある店でNcellという携帯会社のＳＩＭカードを購入した。エベレスト街道の各ロッジでは、５００ルピー（1円≒０・９ルピー）で20時間利用できるプリペイド式のWi-Fiカードが買える。ただし、電波の入りが悪かったり、混雑していたりする時が多く、文字はよくても写真が送れなかったりする。

ＳＩＭ契約もWi-Fiカードの購入も、手続きは店の人がやってくれるので面倒はないが、心配な場合はガイドに付き添ってもらうとよい。

2 2日目

トクトク→ナムチェ（Namche　３４４０ｍ）→チョルクン（Chhorkung）の丘→ナムチェ

朝、血中酸素濃度（SpO_2）と心拍数を測定し、SpO_2が92％、心拍数が80回／分だったので、予防のために「ダイアモックス」を半錠服用した。

この薬は緑内障の薬だが、高所登山では高山病の予防薬としてよく使われる。脳神経を刺激し酸素を取り入れる能力を高めるが、手のしびれや頻尿が副作用としてある。私の場合、手がしびれて不快だった。

日本では通常、高山病の予防薬としては処方されないようだが、カトマンズでは簡単に安く買えるそうだ。

7時半頃にトクトクを出発し、ナムチェに向かった。ナムチェまでは、トレッキング許可証のチェックがあったり、昼食で食べた「ララヌードル」が、完全に「ぬるいインスタントラーメン」でがっかりしたり、大きな鉄製の橋をいくつも渡ったりしながら、見るものすべてが目新しくて、ワクワクしながら歩いてきた。

ドゥドゥコシ（川）に架けられたタルチョ（五色の祈禱旗）の飾られた鉄橋をいくつか渡り、最後の仕上げに約600mの急坂をひたすら登り、富士山9合目とほぼ同じ標高約3500mのナムチェに着いた。

ナムチェは、シェルパの故郷であり、クンビラ（Khumbi Yul Lha　5765m）の山裾に広がるエベレスト街道で一番大きい街だ。

今も昔も、クンブ地方の中心地で、定期的にバザールが

【ドゥドゥコシに架かる鉄の吊り橋】

開かれるなど交易が盛んだ。
また、カラパタールやエベレストベースキャンプ方面とゴーキョ方面へ向かうトレッキングのハブ的な役割も果たしている。

クンビラは神の宿る山「聖山」として登山が禁止されている。

2連泊する「クンブリゾート」で一休みし、エベレストにエドモンド・ヒラリーと共に初登頂した「シェルパ」のテンジン・ノルゲイの銅像が建つ「チョルクンの丘」まで登った。

そこからは、カンテガ（Kangtega 6783m）、タムセルク、クンビラ、タ

【ナムチェのロッジからタムセルク&カンテガ&クスムカングルを臨む】

ウチェ（Tabuche　６４９５ｍ）、アマダブラム（Ama Dablam　６８１４ｍ）などが一望できた。

〔メモ（その一）〕ゾッキョとロバの眼

トレッキング中は、相当数のトレッカーとすれ違い、「ナマステ」、「ハロー」と声を交わしたり、狭い所では道を譲りあったりした。

そして、トレッカーの数よりは少ないが、かなり頻繁に大荷物を背負った「ゾッキョ」やロバとすれ違ったり、追い越されたりした。

こちらは、道を譲られることは決してない。すれ違う時には、必ず山側に避けて接触しないようにしなければならない。彼らにその気がなくても、その巨体からはみ出るように積まれた荷物に押されて、崖から落ちたり、転倒したりすれば一大事だからである。

頭から立派な角を前に突き出し、温厚そうには見えない顔貌のゾッキョとすれ違う時には、初めのうちは、じっくりとその容貌を観察する余裕もなかった。

しかし、ゾッキョ使いの甲高い笛や、独特の怒鳴りつけるような掛け声に追われ、先頭のリーダーに従順についていく様子を見て、徐々に余裕が出てきて至近距離で写真を撮ったりした。

急な坂道を登る時は、眼をひん剝き白目を充血させながら、一歩一歩進んでいく。草食動物である彼らの目は顔の横についているから、すれ違う時には、その眼が自然とこちらに向き、その眼は何か不満を言いたそうに見えた。

ゾッキョは、ヤクと牛の雑種でオスの呼称である。粗食に耐え力強いため、農耕や荷役に使われている。不妊症であるため子孫を残すことなく寿命を終える。

ヒンズー教では牛をシヴァ神の使いとして神聖視しているのに、ゾッキョのような家畜を飼っていいのだろうかと疑問に思って調べたところ、神聖視されるのは白い「瘤牛」（肩の所に大きなコブのある牛）で、黒い牛や水牛は関係ないようだ。

そもそも、高地の荷揚げにゾッキョを利用しているのは、チベット仏教徒であるシェルパ族で、ヒンズー教徒ではない。ゾッキョは寒さに弱いので、ナムチェより高地では、ヤクが荷物運搬の役目を担う。

一方、ロバもゾッキョに劣らず、大きなポリタンクやらを背中に左右均等に背負わされ、同じように、ロバ使いに怒鳴られ、細い棒で叩かれながら、急な坂道ではほんの少しだけ立ち止まり、それから勢いをつけて歩を進めていた。

その眼は、ゾッキョのそれとは少し異なり、気のせいか潤んでいるようにも見え、すべてを諦めた哀愁を感じさせるものだった。

ゾッキョであれ、ロバであれ、眼の奥に潜む思いは、自然の中で自由に走り回り、自由に草を食み、自由に寝ころびたいということかな、と想像する。

［メモ（その2）］　歩荷とポーター

人が荷物を背負って運んでいる、いわゆる「歩荷」の数は、ゾッキョやヤク、ロバのような動物が運んでいるより、もっと多い気がした。

日本では、段ボール箱に物を詰め、それを背負子に括り付けて、腕を前に組みながら歩いている姿を尾瀬や北アルプス、八ヶ岳などでたまに見たことがある。また、富士山の気象測候所があった時には、山野井泰史さんのようにヒマラヤ高所登山の訓練として積雪期に強力の仕事を行っていた登山家もいる。

今ではヘリコプターで物資を運ぶことが通常であるし、富士山の測候所もなくなったので、歩荷を見ることは珍しいかもしれない。

【歩荷】

しかし、エベレスト街道では、ごく普通に重荷を背負って、トレッカーの横をすり抜けていく。

「ドコ」という竹籠に生活用品や商品を入れ、「ナムロ」という浴衣の帯のような幅広の紐で固定し、その紐を輪っかにして額に回して前かがみの姿勢で運ぶ。かなりの重量が首にかかり大変そうだが、小さい頃から身に付けた技術なので平気なんだろう。

驚くのは、その歩くスピードだ。平地だけでなく、上り坂も息を切らしているトレッカーを横目に、速歩のように歩く。時々、坂の上やチョルテン（仏塔）のある丘、ロッジやレストランの前にある高さ１ｍほどで長椅子状になった石垣に荷を置き休憩しているが、疲れ切った様子は見られない。

トレッカーの荷物を運ぶ歩荷が「ポーター」で、トレッキングの日数も長くなりがちなため、20kg程度の荷物を運ぶ。

私も、ロブチェイースト登山に使うすべての用具と、とりあえずトレッキング中には使わないものを預けた。ポーターなしでは、自分で約30kgを担がなければならないことを考えれば、本当にありがたいことだ。

ポーターのほとんどは高地で生まれ育ったシェルパ族の人たちで、遺伝的に高地に順応した身体を持っているという研究もあり、ヒマラヤでのトレッキングや登山には欠かせない存在だ。

ちなみに、高所登山のガイドは、例外なくポーターやキッチンボーイとして長期のトレッキングや高所登山に関わる経験を積んでいる。

さらに、ガイドになるためには英語や日本語など、外国語の会話能力が必要だ。

今回お世話になった３人のガイドも、日本で暮らした経験があり、日本語が堪能だったので食事のメニューを教えてもらったり、山の名称や人々の生活について、いろいろと聞いたりできた。

他方、ポーターは、ほとんどが外国語を話すことができないために、重荷を運ぶ仕事をせざるを得ないようだ。

3 3日目

ナムチェ→Hエベレストビュー→クンデピーク（Khunde Peak　4200m）→ナムチェ

「ホテル　エベレストビュー」のバルコニーからは、タウチェやエベレストのイエローバンド、ヌプツェ（Nuptse　7864m）、ローツェ（Lhotse　8516m）が見え、その美しさは日本庭園の「借景」を想像させ寛げる空間だった。

クンデピークへの途中、クムジュン村では柔道指導を通して青少年の健全育成活動を行っている日本人がいる。後にカトマンズで話を交わしたが熱い気持ちを持った青年だった。

クンデピークからは、テンジン・ノルゲイの故郷であるターメ村が見え、村下には水量豊富なポーテコシが流れていた。

実際に見たわけではないが、この村には、オーストリアの支援によって建設された水力発電所があるそうだ。ナムチェを始め19地域へ電力供給しているが、まだまだ電力量は不十分とのことだ。

豊富な水資源を有するネパールでは、国内における全発電量のうち約9割を水力発電が占めている。言い換えれば、水力発電以外のエネルギー供給は難しい現状があるということだ。

ロッジによってはソーラーパネルを屋根に設置したり、ソーラークッカー（集光加熱器）でお湯を沸かしたりしていた。

【ナムチェ：コンデリと痩せ犬】

乾季の電力供給が課題で、電力の安定供給のために、「貯水池式の水力発電所」へのニーズが高まっている。

[メモ（その一）] クムジュンの街とイエティ

高度順応を兼ねてナムチェからシャンボチェの丘に向かうと、3時間ほどで「ホテル　エベレストビュー」に着いた。バルコニーでコーヒーを飲みながらゆっくり寛ぐとなんとも気持ちがいい。眼前には、アマダブラムやタウチェ、もちろん、その名のとおりエベレストもイエローバンドがはっきりわかるほどよく見えた。

そこから、30分ほど下るとクムジュン村に着く。ここは今まで見てきた集落・村とは異なり、美しく整然と落ち着いた「街」の雰囲気が感じられる。

東に「アマダブラム（6814m）」、「タムセルク（6618m）」、「カンテガ（6783m）」を望み、北側に聖山「クンビラ（5765m）」が聳えている。その南斜面に広がる平野には、緑色の屋根で統一した民家やロッジなどが並ぶ。

エドモンド・ヒラリーが建てた「クムジュン・ヒラリー・スクール」からは放課となった子どもたちの明るい声も聞こえた。

すぐ近くには飛行場、西隣のクンデ村には、「クンデ・ヒラリー・ホスピタル」という病院もある。


ルクラとナムチェを除くと、エベレスト街道の集落はどこもこぢんまりとした佇まいだが、クムジュンは「街」の雰囲気である。

ロッジの前で椅子に座り談笑していた３人の僧侶の表情にも少し余裕が感じられた。

街の奥にあるゴンパ（僧院）には、イエティ（雪男）の頭皮というものがあるらしい。

イエティにまつわる伝説は数多くあるが、20世紀に多くの探検隊が探し求めたにもかかわらず、今もって未確認生物のままである。イエティのものとされる体毛等もＤＮＡ鑑定の結果、霊長類のものではなかったとの報告もある。

【ロッジの外で談笑する僧侶たち】

どうやら、チベットヒグマをルーツとした空想上の動物が、観光産業の流れに乗りながら流布したことが真実のようだ。

【メモ（その2）】ソナムさんの写真店

ナムチェで写真店を営むラクパ・ソナムさんは、何日もかけて自分で歩いてエベレスト街道やゴーキョのパノラマ写真を撮っている。

他の店では購入できないという写真を買いに行った。

長さ約1m×幅約30cmの写真は、4枚セットで55ドル、1枚だと15ドルと少々お高い。値段交渉をしてみたが、彼は耳が不自由らしく、こちらが言うことは、聴こえないという仕草と、自分が苦労して撮った写真で他では買えないことをしきりに強調していた。

「それもそうだな。少しばかり値切ってもしかたないし、多少たりとも地元に貢献しよう」と考えを切り替え、気に入った5枚を買うことにした。

何度見ても名前を覚えられない山々が、山名入りで写っているのは有難い。

ドルは現金で持っていなかったので、ルピーで支払うことにしたが、ソナムさんの奥さんが電卓で計算し、９７５０ルピーとのことだった。

１０００ルピーのお札を10枚渡し、釣銭はいらないと言ったところ、お金を受け取った奥さんがニッコリと笑顔を返してくれた。

ソナムさんが写真を新聞紙で何重にも包んでいる間、私は店内をぶらぶらしていたが、ふと、鼻をかみ過ぎて紙がなくなったことを思い出した。トイレットペーパーがないかと店内を見渡したが見当たらなかった。

奥さんに聞いてみたら売っていないとのことだ。

「ここは写真店だから、それはそうだな」と思っていたら、奥さんが傍らにいた息子さんに何か言った。彼は急ぐように店を出て行き、ソナムさんが写真を包み終わる頃に、トイレットペーパーを一つ持って戻ってきた。わざわざ工面してくれたのだ。

驚くやら嬉しくなるやらで、奥さんに「いくらですか？」と聞くと、お金はいらないと言う。今度は、こちらが笑みを返す番だった。

まるで「わらしべ長者」になったようなうれしい出来事だった。

ちなみに、トイレットペーパー1個と1L入りペットボトルの水は、ナムチェでは、共に

100ルピーだったが、ゴーキョでは450ルピー、標高とともに物価も上がるのはどこも同じだった。

4 4日目

ナムチェ→タンボチェ（Tengboche　3667m）→デボチェ（Deboche　4350m）

タンボチェでは、エベレスト登山で命を亡くした日本人の慰霊碑があり、世界で初めて秋・春・冬の3シーズンで登頂した加藤保男のものもあった。

加藤氏は、1970年の日本山岳会隊のエベレスト日本隊初登頂についで、1973年に東南稜第2登を果たした。しかし、下山途中でビバークを余儀なくされ、手足の指13本を失った。1980年には北東稜から単独登頂、1982年に厳冬期世界初登頂に成功したが、下山中に猛

【加藤保男の慰霊碑】

烈な強風に見舞われて、小林隊員と共に行方不明となった。

デボチェに着き、夕食時に体温を計ると38・6℃あったので、解熱剤を2錠服用した。

5 5日目

デボチェに停滞

体温が38・7℃、標高を上げると悪化する懸念もあるので停滞することにした。

どこの宿もだいたい同じだが、とにかく寒い。暖房と言えば、せいぜい夕食時にみんなが集まってくる食堂のストーブに、ゾッキョやヤクの糞を乾かした燃料を燃やす程度で、それ以外は寒さに堪えるだけだ。

「Hot Shower」という極めて水に近いシャワーを浴びると完璧に風邪をひくので要注意だ。

6 6日目

デボチェに停滞

残念ながらこの日もシュラフに包まり、1日停滞することにした。

この日は、体温38・3℃に加えて、ネパールに来てから初めて下痢になり、下痢止め1錠服用した。ネパールの風邪薬も1錠服用した。

飲み水に関して言えば、ペットボトル以外は、水道水も飲んでいないほど用心していた。心当たりは、歯みがき後の濯ぎに水道水を使ったことぐらいだ。

7 7日目

デボチェ→ディンボチェ（Dingboche　4410m）

咳、のどの痛み、鼻汁がまったく改善されず、夜中もまったく眠れなかったが、下痢は治まり、熱も37・2℃まで下がったので前に進むことにした。

同じような症状で停滞していたMさんと、ガイドのフラさんと一緒に出発したが、Mさんの症状はますます酷くなり、パンボチェ（Pangboche　3930m）を過ぎた辺りでついに耐え切れず、ほとんど隠れようのない岩陰で用を足していた。

あまりに気の毒だったので、自分の心配はさておき持っていた下痢止めを3錠提供した。

14時30分頃、ディンボチェのロッジに到着後、体温を測ると37・6℃だった。

8 8日目

ディンボチェ→チュクン・リ（Chhukhung Ri　5550m）→ディンボチェ

ガイドのディッケさんと2人だけで、朝4時にディンボチェのロッジを出発した。

足元の悪い中、ヘッドランプと月明かりで進み、2時間半ほどでチュクンに到着した。

軽く朝食を済ませてから、私を含め4人&ガイド2人でチュクン・リに登った。どうやら先行していた人たちも、体調を崩す人が増えたようだ。

頂上からの展望は素晴らしく、ローツェ、ヌプツェ、アイランドピーク（Island Peak/Imja Tse　6189m）、アマダブラム、マカルー（Makalu　8463m）、ギャチュンカン（Gyachung Kang　7952m）など錚々たる山々が眼前に聳えていた。

下山後、ディンボチェまでディッケさんと戻り、17㎞、13時間の今日の山行が終わった。体温は37・5℃だった。

【中央　世界第5位のマカルー（8463m）】

9 9日目

ディンボチェ→ロブチェ（Lobuche　4930m）

天気は連日の晴れで、咳と鼻汁は相変わらずだが行動はできそうだ。

高原状のカルカ（高地の牧草地）から眼前にタウチェ、チョラツェ（Cholatse　6335m）、ロブチェイースト（Lobuche East　６０９０ｍ）がパノラマ写真のように並び、振り返るとアマダブラム、カンテガ（Kangtega　６７８３ｍ）、タムセルクなどお馴染みの山々が威風堂々と雄姿を見せていた。

15時30分頃、ロブチェのロッジに到着し、血中酸素濃度を測定した。SpO_2は80％、心拍数は90回／分だった。

頭痛等の高所反応は、特に感じられないが、風邪症状は相変わらずで、体調不良は悪い状態で安定していた。

リンゴ1個４５０ルピー（５００円）、トイレットペーパー1個４５０ルピーと、物価はナムチェの４～５倍。

10 10日目

ロブチェ→ゴラクシェプ(Gorak Shep　5140m)→カラパタール(Kala Patthar　5550m)→ロブチェ

ディッケさんとOさんと3人でロブチェを7時30分に出発した。

Sさんと Y さんは馬に乗って移動するので、我々より遅れて出発するようだ。他のメンバーは、体調不良のため待機することになった。

緩やかな丘陵地帯を進むと、中央にリントレン(Lingtren　6713m)、左側にプモリ(Pumo Ri　7165m)、エベレストの手前にクンブツェ(Khumbutse　6639m)、ローラ(Lho La　6026mの鞍部)などが現れた。

ヌプツェは圧倒的な迫力で、エベレストより大きく見えた。

後半は、氷河によって削り取られたU字の瓦礫谷を数カ所乗り越して、出発から約3時間でゴラクシェプに着いた。

その後、ジョージ・マロリーが命名したプモリ(「未婚の娘」という意味)の方向に延びるカラパタールのザレた登山道を登った。

カラパタールの頂上は、強い風のためタルチョがはためいていた。

山岳雑誌の写真やポスターでよく見る山々や、エベレストベースキャンプ上部のアイスフォールや氷河湖などが、パタパタと風になびくタルチョと共に絶景のビューポイントを作り出していた。

カラパタールを下りてから昼食を取りロブチェに向かったが、ディッケさん、Yさん、私の3人は歩いて、女性2人が馬に乗って帰ることになった。

馬の利用は、片道で150ドルと結構な料金だ。おまけに暗い道で、迷ったらしく、馬利用の人たちがロッジに帰ってきたのは

【ゴラクシェプから臨むプモリ】

翌朝だった。

我々3人がロッジに着くと、カラパタールには行かず待機していたSさんの体調が悪く、明日までに回復しなければヘリコプターで下りなければならないという状況だった。

私も不調が続いていたが、ロブチェサミットプッシュのために、夕食前にチェパさんの用具点検を受けて準備を整えた。

【中央の黒い山がエベレスト　右側の大きな山がヌプツェ】

11 11日目

ロブチェ→ハイキャンプ（５２９０ｍ）

10時頃にチェパさんとロブチェを出発し、15時30分頃、ハイキャンプに到着した。まったく調子が出ず、明日登頂はできるのだろうかと少し心配になった。

チェパさんと２人のポーターが５〜６人用テントをあっという間に設営し、その後すぐにポーター２人は下りて行った。

テント内でチェパさんに淹れてもらったコーヒーとビスケット、チーズがとても美味しかった。

12 12日目

ハイキャンプ→ロブチェイースト→ハイキャンプ→ゾンラ（Dzongtha　４８３０ｍ）

不本意な体調ながら、天候にも恵まれなんとかロブチェイーストに登ることができ、３６０

度見渡す限りの秀麗な山々に囲まれて達成感がじわじわと込み上げてきた（詳細は前掲79〜83頁）。

下山後にロブチェまで戻る予定だったが、体力的な消耗を考え、ポーターと2人で直接ゾンラまで移動することになった。高原に延びる快適なトレッキング道をタウチェとチョラツェに見守られ気持ちよく歩いたが、14時頃にゾンラに着いた時には、さすがに疲労困憊だった。

13 13日目

ゾンラ→チョ・ラ・パス（Cho La Pass　5368ｍ）→ゴーキョ（Gokyo　4790ｍ）

ゾンラを出発してから小1時間で氷河に出たが、軽アイゼンがなかったのは失敗だった。傾斜が緩くても登山靴ではよく滑るので、標高５０００ｍでは体力がジリジリと削られた。体調不良は相変わらずで、峠を越えてから途中で用足しをした時に血尿が出ていた。サングラスをかけていたので、そんなふうに見えたのかもしれないが。

タンナ（Thangnak）に13時半頃着き、おかゆを食べ、ホットチョコレートを飲んで、1時間の休憩後にゴーキョを目指した。

氷河上の入り組んだゴーロやザレた道を気が遠くなるほど、くねくねと曲がったり、アップダウンを繰り返したりしながらようやくゴーキョに着き、約19㎞、8時間の今日の行程が終わった。

14 14日目

ゴーキョ→ゴーキョピーク（5357m）→ゴーキョ

【ゴジュンバ氷河】

一晩中、咳と鼻かみに悩まされ、鼻の下がヒリヒリして痛かった。

朝食にツナ・ポテトサンドイッチを注文したが、パンがモソモソして喉を通らず、付け合わせのキャベツやニンジンも苦く感じて食べられなかった。

トレッキングをスタートした当初は、美味しく感じていたネパールの食事も、今となっては「早く日本食が食べたい！」であり、ついでに「風呂に入りたい！」、「床屋に行きたい！」と、日本を恋しく思う気持ちが強くなっていた。

10時頃、ディッケさんと2人でドゥド・ポカリ湖畔から続くゴーキョピークを目指して登り始めた。

体調が悪いまま埃っぽいジグザグ道をゆっくり歩き、登りに3時間くらい、下りに1時間くらいかかった。山頂からは、エベレスト、ローツェ、ヌプツェなどお馴染みの山以外に、チョ・オユー（Cho Oyu　８２０１ｍ）やギャチュンカン（Gyachung Kang　７９５２ｍ）などもはっきりと見えた。


この二つの巨大な山は、日本を代表するアルパインクライマー山野井泰史・妙子夫妻の栄光と壮絶な生還の舞台であったことはよく知られている。

山野井泰史さんは、その後、２０２１年に「ピオレドール（金のピッケル）賞」の生涯功労賞を受賞した。

これは、アルパインクライミング界で著しい業績を残し、次世代のクライマーたちに多大なる影響を与えたことに対する受賞で、これまでにイタリアの著名なクライマー、ラインホルト・メスナーなど12名が受賞している。山野井さんの実績からすれば、もっと早く受賞してもいいくらいだと思った。いずれにしても、日本の若いアルパインクライマーたちにも大きな刺激となることだろう。

蛇足だが、私はちょっとしたご縁があって、一度だけ山野井さんのお住まいに泊めてもらったことがあり、妙子さんの美味しい手料理を御馳走になった。

また、一緒に近くの岩場でクライミングをしたり、山に登ったりとお世話になった。

泰史さんは、かつて、「天国に一番近い登山家」と言われ、生死を懸けた登山を繰り返してきたとは思えないほど物腰の柔らかい人で、目がいつもキラキラ輝いていた。

妙子さんも、いつもにこやかに、何気なく優しい心遣いをする人で、お２人ともはじめて会ったとは思えないほど居心地がよかった。

15 15日目

ゴーキョ→モンラ（Mong La　３９７３ｍ）

パンガという村に、日本人13名とシェルパ12名が雪崩で犠牲となった事故の慰霊碑があった。

１９９５年11月10日、「えっ、こんなところで？」と思うような、一見安全に見える場所に、前夜の大雪で雪崩が襲ったようだ。ご冥福を祈り黙禱した。

【パンガにある雪崩犠牲者の慰霊碑】

【ジャコウジカ (Musk Deer)】

【歩きやすい“The trekking road”】

標高４０００ｍを下った辺りで、ジャコウジカ（Musk Deer）という珍しいシカに出会った。ネパールや中国、ブータン、インドなどの、標高２５００〜５０００ｍの針葉樹林や高山植物地帯に生息している。

ジャコウ（雄ジカの腹部にあるジャコウ腺から得られる分泌物を乾燥した香料・生薬）の採取のために乱獲され、２００８年に国際自然保護連合（ＩＵＣＮ）により絶滅危惧種に指定された。また、「絶滅のおそれのある野生動植物の種の国際取引に関する条約」（ワシントン条約、１９７３年）によりジャコウの国際取引は原則として禁止された。

モンラへの道は、「これぞトレッキングロード」という感じの歩きやすい道だったが、最後はジグザグ登りが延々と続いてきつかった。

16時50分頃、モンラのブッダロッジ（BOUDHA LODGE）に到着した。

〔メモ〕凛とした黒い犬

ゴーキョからルクラに戻る途中、パンガ村を過ぎた辺りから、いつの間にか黒い犬が現れ、1時間ほど我々の前にでたり、後ろについたりしながら一緒に歩き、そして知らぬ間にいなくなった。

精悍な顔つきで、頭を撫でても尻尾を振ってへつらうわけでもなく、時々、止まっては遠くの方をじっと見つめていた。

一度だけ、道から200〜300m も離れたジャガイモ畑に5〜6羽のカモが侵入したのを見て、すごい勢いで駆け下りて追い回してから戻ってきた。

ディッケさんによると、チベット系の犬で、牧羊や家の防犯のために飼われるそうだ。

ナムチェにたくさんいた「夜中に競争するようにワンワン吠え、日中になると道端にグテーと寝そべっている犬た

ち」と比べて好感が持てた。

16 16日目

モンラ→ナムチェ→モンジョ（2835m）

8時40分頃にモンラを出発し、12時30分頃にナムチェのディッケさんの叔父さんが経営する「Hotel Kamal」に着き昼食を取った。

ここまでの道は、下りベースで時折アップダウンがあるものの、通常の体調であれば歩きやすいはずだ。

昼食後、だらだらとした坂を下り続け、橋を四つ、五つほど渡り、ジョサレ（Jorsale）の検問所を通って17時頃にモンジョに着いた。

17 17日目

モンジョ→ルクラ

12時30分頃、「Four Season Lodge & Restaurant」で昼食を取った。

マンゴージュースとリンゴ、いよいよこの程度しか食べられなくなった。

鼻汁ダラダラ、頭痛、倦怠感……見事な病人である。

夕方になってヘッドランプが必要になりかけた時、ようやく長い登りをフラフラで登り終わると、そこはルクラの街だった。「あー、これでもう歩かなくていい」というのが本音だった。

18 18日目

ルクラ→カトマンズ

飛行機は案の定、ルクラからカトマンズへの直行便には乗れず、マンタリ空港に向かうことになった。

ここで、人生最強の頭痛に襲われた。

頭が割れるほどの痛みだったので、このまま気を失うかもしれないと思った。深呼吸をしながら痛みに耐えていたが、マンタリ空港に着陸して10分もすると頭痛が嘘のようになくなった。気圧の変化に調子の悪い体がついていけなかったのかもしれない。

その後、10人も乗ればいっぱいだろうと思うマイクロバスに乗って、凸凹の多い国道を5時間くらいかけてカトマンズまで移動した。

19 19～22日目

カトマンズ（予備日）

カトマンズに着いてからは帰国の飛行機が出発するまで、世界遺産見物をしたり、お土産を買ったりしながら過ごした。

スワヤンブナートやパシュパティナートなど、市内4カ所の世界遺産を見学したが、寺院などは信者にとっては聖地であり、観光中心の生活と信仰が微妙なバランスを保ちながら結びついていると感じた。

また、ヒンズー教とチベット仏教の建物が隣接しているなど共存した関係にあり、不思議な思いがする反面、ネパールの宗教や文化、歴史などについて興味がわく。

一方で、街中や川のゴミ、汚れた空気、交通ルールを守らない自己中心的な車やバイクの運転、世界遺産に頼り切った観光産業、貧富の格差など様々な問題が気になり、このまま世界遺産という過去の遺物に頼っているばかりでは、50年後も同じような光景が続くように感じた。

【市街の電信柱はほとんどこんな感じ】

【スワヤンブナート寺院】

ネパール最古と言われる仏教寺院。

大日如来像が安置されている。

モンキーテンプルと異名があるほど、猿がいるのでひったくりに要注意だ。

また、丘の上にあるので、カトマンズ盆地が一望できる。

【ダルバール広場　ガネーシャ像】

寺院が立ち並ぶ旧王宮前広場。

女神「クマリ」の化身とされる少女が住む「クマリの館」が一角にあり、1日2回、2階の窓から顔を出す。写真撮影厳禁。「ガネーシャ」は商売の神様。父親であるシヴァ神に首を切られ、通りすがりの象の頭にすげ替えられてしまった。

【パタン　クリシュナ寺院】

17世紀に建てられた石造りの寺院。クリシュナは、宇宙を維持する神「ヴィシュヌ」の化身。2階に祀られている。

寺院と向き合う像は、ヴィシュヌの乗り物、「鳥人ガルーダ」だ。

【パシュパティナート寺院】

パシュパティナート寺院は、ネパール最大のヒンズー教寺院。

目の前にガンジス川の支流であるパグマティ川が流れ、両岸を繋ぐ橋のたもとには、火葬場（台）がある。ヒンズー教徒は、輪廻転生を信じて、お墓を作らないため、遺灰はこの川に流される。

川の中に入って少年がざるのような物で川底をさらっていたが、もしかしたらお金になるものを探していたのかもしれない。
この国の貧困の実態を垣間見た気がした。

6 「エベレスト街道」覚え書き

1 シェルパの信仰心

エベレストのような高所登山の前には、「シェルパ」がベースキャンプで安全祈願の「プジャ」という儀式を必ず行うことはよく知られている。

また、ソル・クンブ地方では、建造物にもシェルパのチベット仏教に対する信仰心の厚さが示されている。

首都カトマンズでは、ヒンズー教とチベット仏教の建造物が混在するが、今回歩いたコース、つまり、「ルクラから歩き始めてエベレスト街道を北上し、チョ・ラ・パス（Cho La Pass）を越え、ゴーキョからルクラに戻るまで」、目に入るものは、すべてチベット仏教の建造物だけだった。

そして、人工的に作られた建造物ではないが、彼らにとって最も重要な神として、クンブの聖山「クンビラ（Khumbi Yul Lha　５７６５ｍ）」と世界の母神「チョモランマ（Chomolungma　８８４８ｍ）、別名サガルマータ、エベレスト」が君臨している。

〈チベット仏教の主な建造物等〉
○ゴンパ：チベット仏教の寺院。
○チョルテン：村に悪霊が入り込まないように四方の目が見守っている仏塔。
○タルチョ：五色の祈禱旗。青―空、白―風、赤―火、緑―水、黄―地を表す。
○マニ石：サンスクリット語で「オン・マニ・ペメ・フン」という神聖な祈り言葉が彫られている。
○マニ車：中に経典が入れられ回すと徳が得られる。
○マニツンキュア：マニ車の大きいサイズで高さが2mほどある。
○メンダン：マニ石を細長く並べた建造物。左側を通る。

【マニツンキュア】

【マニ石とマニツンキュア】

【マニ車】

【チョータル　後ろの峻峰はアマダブラム】

【タンボチェのゴンパ　クンブ地方の総本山】

【カラパタール頂上のタルチョ　後ろはプモリ】

【ゴーキョピークのタルチョ】

2 高山病対策

標高が高くなると空気が薄くなり、体内に取り入れられる酸素が少なくなるため、身体に様々な病気の症状が現れてくる。この状態を一般的に「高山病」と言う。発現する標高や症状には個人差があるものの、登山経験には関係がなく2500m以上では誰にでも起きうるとされる。

初期的な症状としては、頭痛、動悸、食欲不振、吐き気、不眠など多様だが、重症化していくと「肺水腫」や「脳浮腫」を引き起こしたり、意識不明になったりして、時には死に至るケースもある。深刻な症状が出た場合は、すぐに標高を下げなければならない。

私の場合、これまで「富士山の日帰り登山」やマッターホルン、ワイスミスのように「4000mを超える登山」でも、軽い頭痛程度で高山病と言えるような状態になったことはなかった。

しかし、今回はあるロッジでぬるい「Hot Shower」を浴びてから、喉の痛みに始まり、「38℃前後の高熱・寝ている時も止まらない咳とダラダラ鼻汁」の3点セットがずっと続いていた。

今回の山行で一緒に行動した人のほとんどが、似たような症状を発症し、私以外全員が、ヘリコプターでルクラまたはカトマンズまで移動した。

普通の風邪くらいでそんなことになるのかなぁ、と素朴な疑問が生じた。

日常生活なら風邪の症状だが、もしかしたら高山病の初期症状、或いは、高山病とまでは言えないが、「乾燥した空気＋薄い酸素＋寒冷」による「高所反応」だったのかもしれない。

高山病の予防として、

○ゆっくり登り、１日の高度差を５００ｍ以内にする。
○１日３〜４Ｌの水を飲み、脱水症状を起こさない。
○高度順応を意識した行動予定にする。
○高度順応の状況を推測し、予防薬（「ダイアモックス」）を服用する。

などがあげられる。私は、水分摂取については食事や休憩時のホットドリンクも含めて、１

日に2L程度しか取っておらず明らかに不足していた。

一旦、体調不良になると、なかなか回復できないので、体調管理には自分が思う以上に気をつける必要があった。

3 トレッキング中の食事

体の大きい欧米人にあわせているのか、出てくる料理の量がとにかく多い。「残すのは失礼だろう」とか、「しっかり食べないと体力が持たないだろう」などと思い、多少無理をして食べていた。

しかし、日が経つにつれ日本食の美味しさが思い出され、現地の食事が辛くなってきた。たぶん体調不良のせいもあったと思うが、半分くらい食べて、後は残してしまうことが増えた。

日本からフリーズドライ食品や調味料、梅干し、海苔などのちょっとした「ごはんのお供」を持っていくことをお勧めする。

また、当たり前のことだが標高が上がれば、食べる物の値段も上がる。

ルクラとナムチェでは水平距離で20km弱離れており、ナムチェの方が600m高く位置する。たったそれくらいの差でも、例えば、「ホットコーヒーで30ルピー、レモンティーで50ルピー、シチューで50ルピー、ごはんで150ルピー」ほど、値段が高い。

運搬コストが反映しているためだが、値段が高い方が美味しいとは限らないのが痛いところだ。

「ダルバート」

ごはん、豆スープ、エッグカレーと後ろに隠れていたのは何だったかなぁ。

極薄の煎餅みたいなものだった。

いわゆるセット（定食）は、ダルバートだけで、基本は単品または単品を複数組み合わせて注文する。

【ダルバート】

「ララヌードル」

ぬるいインスタントラーメンに少し野菜が入っていた。

自分で作るインスタントの袋麺の方が圧倒的に美味い。

標高が高いからお湯の沸点が低いためにスープがぬるいのかなぁ？


「フレンチトースト」

ベチャベチャして今一つ。そもそもが、そういう食感なんですから、注文した方のミスチョイスですね。

「ホットチョコレート」は美味しい。

どこで飲んでも外れなしの飲み物。

ただし、続けて飲んでいると飽きてくる。

【ララヌードル】

【フレンチトースト】

「フライドライス」

日本で言うところの「チャーハン」。

見かけより美味しかったが、量が多すぎて残した。手前の赤いスパイスはどんな味か忘れたが、向こう側の緑色のものは激辛の青唐辛子で、日本の赤唐辛子は完全に赤子扱いだ。

隣の「マサラティー」は、スパイシーなミルクティー。シナモンの香りがして美味しかった。

「チーズトースト」

味はまずまずだが、パサパサしていて口の中の水分を持っていかれる感じ。

「トマトスープ」の具はほとんどなく、味も「キムチの素」のようで、これをトマトスープと言っていいのかな、という感じ。

「フライドライス」と「トマトスープ」

カラパタールロッジで食べた「フライドライス」と「トマト

【フライドライス】

【チーズトースト】

スープ」、こちらは両方とも美味しかった。

「ミックスチョウメン」

要するに麺太のパサパサした「焼きそば」。

量は多いが、味は可もなく不可もなしという感じ。

「シェルパシチュー」

ガーリックが効いた「ひっつみ」のようなスープ。

スタミナがつきそうだ。やっぱり、ぬるいんだよなぁ。

「チキンカレー」

かなり辛い。

【カラパタールロッジ】

【ミックスチョウメン】

【トマトスープ】

割と辛さに強いと思っていたが、まったく歯が立たず完食できなかった。
歯が立たないと言えば、鶏肉は骨ごとぶつ切りなので、文字通りだ。

「モモ」

水餃子のようでモチモチした食感。
具にけっこうな辛さの味付けがあり、トマトケチャップみたいなタレにつけて食べる。
自分の好みとしては、日本の餃子に軍配が上がる。

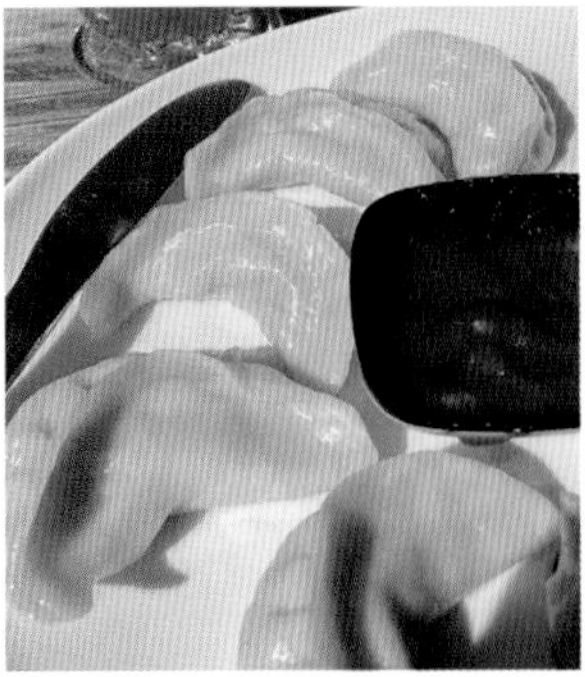

【モモ】

【シェルパシチュー】

【チキンカレー】

4 トイレ事情

ネパールの、特にエベレスト街道沿いのロッジにあるトイレは日本とかなり異なり、使い慣れるまでハードルが高い。

トレッカーが多く利用するような立派なロッジでは、だいたいが洋式の便座だったが、毎回座った瞬間に「うわっ、冷たい！」となる。

トイレットペーパーは備えておらず、自分で用意したものを使い、用便後は便器のそばに置いてある回収用の箱や袋に入れる。トイレに紙を流すと詰まってしまうからだ。

そして、水洗式ではないので、用便後は、かめに溜めてある水を柄杓ですくって便器の穴に押し流す。

ただし、これは外国人向けのやり方であって、現地の人は元々手で直接洗い流す方法を取っていたようだ（今はわからないが）。

「紙で拭くより、直接、手で水をすくい取って洗い流す方がきれいになる」という考えもあるが、逆に、大きな抵抗を感じる人も少なくないと思う。

どっちが正しいということではなく、文化の違いとして受け止め、自分のやり方を実践すればそれでいいと思う。

私の場合は、トイレットペーパーで拭いた後、仕上げに「アルコール除菌ウェットティッシュ」を使った。普段の「温かい便座＋温水洗浄」とはいかないが、日本での山歩きと同じくらいの不便さと衛生感覚だった。

日本で「快適トイレ」が普及したのはそれほど遠い昔ではない。

数十年前は、今の若い人たちが想像できないトイレ事情だった。

中学生の頃（約50年前）、保健体育の授業で、先生が言っていたことは、強烈に可笑しく今でも忘れられない。

「先生が小さい時、故郷ではなぁ、便所が外にあって、ガタガタした引き戸を開けるのも一苦労だったし、ウン○をしに行くのは、ちょっとした冒険だったんだ。便所の中に電気なんかなかったから、窓から入ってくる光が頼りで、目が暗がりに慣れるまで大変だったぞ。

それに、人の小便や大便は『肥やし』と言って、便所から汲み取って畑に撒いてやると、野菜が大きく育つんだ。虫もいっぱいつくけどな。

便所の汲み取りが終わった後は、気をつけなきゃならないことがあった。

何だかわかるか？

『おつり』だ。ウン○が落ちた弾みで、下から跳ねっ返りがきて、ピチャッと尻に付くやつだ。

それから、便所に紙なんてなかったぞ。

便所小屋の外に、杭が打ってあって、小屋と杭の間に縄が張ってあった。何に使うかわかるか？

用を足した後に、この縄を跨いで〝ブツ〟をこすり取るんだ」

だいたいこんな感じの内容だった。

みんな大笑いして聞いていたが、どこまで信憑性があるかわからない。

ただ、私が平屋の二軒長屋に住んでいた小学生の頃、裸電球が一つあるだけの、共同便所が外にあり、夜一人で用足しに出るのはとても怖かったことを覚えている。

跨いでしゃがむ、当時ではそれしかないタイプ（日本式）で、学校や公共施設では水洗トイレだったが、普通の住家では、バキュームカーが年に数回来ては汲み取っていた。

その後は、やっぱりウンが悪ければ「おつり」を貰っていた。

もちろん、今のような洋式タイプ、しかも「温水洗浄便座」、「暖房便座」なんて想像もできなかった。


私のこれまでの海外旅行経験でも、日本のように「便座が温かく、温水シャワーが出る」トイレに出会ったことは一度もない。

今の日本はトイレ先進国で、その面では文句なく快適であるが、災害時はどうだろうか。

電気や水道が使えない状況になると、あまり積雪のない大都市でたまに雪が降った時と同じようにパニック状態になる。

数十年前に戻りたいとは思わないが、いろいろな国のトイレ事情や文化を知り理解する寛容さは必要であろう。

ところで、エベレスト街道のトイレを日本の北アルプスの山小屋にあるような微生物によって排せつ物を分解処理する仕組みにできないだろうか。

残念ながら、寒すぎて微生物が働かないため、そのようにはできないようだ。水力発電の発電量が増え、どの地域にも十分な電気が供給できれば、施設内の温度を高くすることができ、日本の山小屋方式も可能かもしれない。

しかし、当分そのようなことは期待できないと思われるので、登山者やトレッカーが携帯トイレを利用し、排せつ物の集積所や運搬する方法を具体化することが現実的だと思う。

7 絶景の展望地

1 クンデピーク（Khunde Peak　4200m）

クンデ村から400mほど登れば頂上に着き、「アマダブラム（6814m）」、「タムセルク（6618m）」、「カンテガ（6783m）」、「クンビラ（5765m）」はもちろんのこと、北西方向にテンジン・ノルゲイの生まれ故郷であるターメ村や上流から続くボーテコシの白い流れもよく見える。

高度順応を兼ねて、ナムチェからホテルエベレストビュー↓クムジュン↓クンデピーク↓シャンボチェ↓ナムチェの周回コースは8時間ほどかかる。

2 チュクン・リ（Chhukhung Ri　5550m）

ディンボチェからイムジャ・コーラ（Imja Khola）沿いに道を辿っていくと3時間ほどでチュクンの村に着く。

【ターメ村に続くボーテコシ】

【チュクン・リから臨むヌプツェ】

【カンレヤムウのヒマラヤ襞】

ロッジで一休みしてから、800mほど登ると頂上に立てるが、標高が5500mと高く侮れない登山となる。

展望は素晴らしく、ローツェ、ヌプツェ、アイランドピーク、マカルーなどが至近に見られる。

また、標高6000m以上の山々が連なるカンレヤムウのヒマラヤ襞《ひだ》（襞状に見える雪の縦じま）も見事である。

3 ディンボチェ（Dingboche）からトゥクラ（Thokla）の丘陵

ディンボチェを出発し登り始めてから1㎞ほどで急坂を越え、開けた明るい丘陵地帯の緩やかな道が続く。

眼前に「タウチェ（Tabuche　6495m）」、「チョラツェ（Cholatse　6335m）」が存在感を示し、進むほどに「ロブチェイースト（Lobuche East　6090m）」も見えてくる。

振り返ると、アマダブラム、カンテガ、タムセルクなどのパノラマが広がっている。歩きやすさ、光景ともにとても気持ちの良い道が続く。

トゥクラ上部にはエベレスト界隈の登山で亡くなった「シェルパ」やクライマーたちの慰霊碑が立ち並んでいる。

4 カラパタール（Kala Patthar　5550m）

ロブチェから3～4時間でカラパタール麓のゴラクシェプ（Gorak Shep）に着く。

カラパタールは、下部が少し急傾斜で、中間部は高原状、上部は岩稜帯であり、登るにつれ風が強くなる。標高が高いため、見た目より厳しい登山となるが1時間半～2時間で登頂できる。

【カラパタールからエベレストを臨む】

山頂ではエベレスト街道随一と言われる絶景が待っている。左側に見える「プモリ（Pumo Ri　７１６５ｍ）」から「リントレン（Lingtren　６７１３ｍ）」、「クンブツェ（Khumbutse　６６３９ｍ）」と並び、「ローラ（Lho La　６０２６ｍ）」の後ろに世界最高峰の「エベレスト（Everest　８８４８ｍ）、別名サガルマータ、チョモランマ」が鎮座し、「ヌプツェ（Nuptse　７８６４ｍ）」はここでも圧倒的な迫力を見せる。

5 ロブチェ　カルカ（Lobuche Kharka）

高地にあるヤクなどの家畜の放牧地をカルカと言う。

ゾンラ（Dzongha）までの平坦な丘陵地帯は、左側に終始「タウチェ（Tabuche　６４９５ｍ）」と「チョラツェ（Cholatse　６３３５ｍ）」が雄姿を見せ、開けた明るい道と相まって気持ちの良いトレッキングが楽しめる。

ただし、ゾンラからゴーキョ（Gokyo）に向かうには、「チョ・ラ・パス（Cho La Pass　５３６８ｍ）」という厳しい峠を越えなければならない。

【快適な道がゾンラに続く】

6 ゴーキョ・リ（Gokyo Ri　ゴーキョピーク　5357m）

ドゥド・ポカリ（湖）の左上方にゴジュンバ氷河、背後の高峰は左からチョラツェ、タウチェ、カンテガ、タムセルクが並ぶ。

ドゥド・ポカリ（Dudh Pokhari）の湖畔に建つロッジから小川を越えて、埃っぽいジグザグの登山道をゆっくり登り、３時間ほどで頂上に着く。

標高差は６００mほどだが、標高が高いため案外と苦しい登りである。中腹から見下ろす湖は、しばらく見入ってしまうほど美しい。

頂上からは標高世界第6位の「チョ・オユー（Cho Oyu　８２０１m）」や「ギャチュンカン（Gyachung Kang　７９５２m）」に注目したい。

また、エベレスト方面もエベレスト、ヌプツェ、マカルーなど秀峰が並び美しい。

【ゴーキョ・リの中腹から絶景を臨む】

8　携行品あれこれ

〈絶対に欠かせないもの〉

- ▪パスポート
- ▪スマートフォン
- ▪ワクチン接種証明
  3回以上の英文付き接種証明が必要（状況により今後、変更あるかも）。接種証明書アプリが便利。
- ▪eチケットお客様控え
- ▪飛行機の搭乗券
- ▪旅行保険の保険証券
- ▪登山用具等（サミットプッシュ用）
  高所登山の場合：冬山用服装、二重靴、クライミングギアなど
- ▪クレジットカード（4桁のＰＩＮコードをお忘れなく）

〈あってよかったもの〉

■ノートと筆記用具
■カメラ&交換バッテリー
■ポシェット
■現地の現金
■トレッキングポール（ストック）
■帽子（気温に合わせて、つば付きとニット帽の両方があれば快適）
■ダウンジャケット（厚手と薄手の2枚）
■アルコール除菌ウェットティッシュ
■日焼け止め、リップクリーム
■薬（解熱鎮痛薬、下痢止め薬）
■モバイルソーラーバッテリー

〈持っていけばよかったもの〉

■ふりかけやインスタントスープなどの「ご飯のお供」（日本食）
■軽アイゼン（標高の高い峠越えの場合）
■薬（咳止め）

〈必要なかったもの〉

■現地エージェントが無料で貸してくれるもの
ポーターに預ける荷物を入れるダッフルバッグ、厳冬期用シュラフ、パルスオキシメーターなど

■本（空港での待ち時間以外は、読書できる環境も時間もなかった）

■コンセント変換アダプター
ネパールはB／Cタイプのコンセントだが、マルチタイプアダプターが密着せず空港でもロッジでも使えなかった。スマートフォンは、ロッジ備え付けの充電器が使える。

9 「シェルパ」を理解するために

ここは、文献等を読んで概要的に切り貼りした眉唾知識であることを先に言い訳しておく。研究に裏付けられた知見を詳細に知りたい方は、次の文献・専門書を読むことをお勧めする。

○『シェルパ　ヒマラヤ高地民族の二〇世紀』鹿野勝彦、茗渓堂
○『ヒマラヤの環境誌　山岳地域の自然とシェルパの世界』山本紀夫・稲村哲也（編著）、八坂書房
○『現代ネパールを知るための60章』日本ネパール協会（編）、明石書店

シェルパは、ネパールの標高の高い山岳地帯である「ソル・クンブ地方」を中心に住む少数民族である。つまり、シェルパとは民族の名称である。

また、現在では高所登山でガイドをしたり、ポーターとして上部キャンプに物資を運んだり、アイスフォール帯に進路を築いたり、急傾斜の雪氷や危険箇所にロープを設置したりなど、専門的な技術が必要とされる職業人としての「シェルパ」が一般的に知られている。

言い換えれば、シェルパという言葉を民族名としてではなく、１つの「職業名」だと勘違いする人が多くいたため、いつの間にかそちらの方が広まってしまったということだ。

彼らの先祖は、16世紀半ばにネパール北東部のクンブ地方にある「ナンパ・ラ（Nangpa La５８０６ｍ）」という高所の峠を越えて、チベットからエベレスト南麓に位置する「ソル・クンブ地方」に移住したと言われる。

ソル・クンブ地方は、大きな山の尾根や渓谷の位置、入り組んだ地形などの地理的条件から「クンブ」、「パラク」、「ソル」の３地域に分けられる。

同じシェルパ族であっても、住む地域によって経済活動が大きく異なり、ナムチェを中心とするクンブでは、他地域との交易で暮らし、それ以外の村は農耕や牧畜で生活を成り立たせてきた。また、ソル地域では1年間を通して、農業を主体に暮らしている人が大多数であった。

交易を主体にして暮らすシェルパは、標高の低い山地帯の農民から米や穀物を仕入れてチベットに持ち込んで、岩塩などと物々交換し、手に入れた物品を持ち帰り、仕入れ時より高い割合で物々交換する方法で富を増やしていった。

また、チベットで耕作用に重用されていた荷役家畜であるゾッキョ1頭を持ち込み、ナク（ヤクの雌）3〜4頭と交換してクンブに持ち帰ると、ナク2頭でゾッキョ1頭が得られ、利ザヤとして1〜2頭のナクを得たりした。

同様に、南方の山麓地域の村とも交易し、チベットとの交易に必要な物品と岩塩やゾッキョなどと交換した。

19世紀には、ナンパ・ラ経由でのチベットとの交易独占権が国から認められ、経済力を大きくしていったものの、20世紀には、イギリスのインド支配が強まり、インドとチベットを結ぶ交易路ができ、そのルートでインド産物品が大量に運び込まれたため、ヒマラヤ越えの交易は衰退していった。

交易に見切りをつけた一部のシェルパは、職を求めイギリスの支配下にあるインドのダージリンに出稼ぎに行ったり、移住したりしたが、土地なし、金なし、専門的な知識や技能なしの状態では、不定期で賃金の安い肉体労働で生活するしかなかった。

一方、そのような状況の中、北極点、南極点初到達を他国に先んじられたイギリスは、国の威信をかけてエベレスト初登頂を目指し、第一次世界大戦後の1922年に、ダージリンに居住するシェルパを高所荷揚げ要員として雇い、最初の登山隊を送り込んだ。しかし、雪崩によって7名の「シェルパ」が命を落とし、登山は失敗に終わった。

その後、1924年にシェルパを雇い、再度エベレスト登頂を試みたが、アタック隊員のマロリーとアーヴィンが行方不明となり、またも登頂失敗に終わった。イギリスは、1930年代にも4回エベレストに登山隊を送ったがいずれも登頂成功には至らなかった。

他方、1950年代にネパールの鎖国が解かれると各国の登山活動も活発になり、ダージリンのシェルパ以外に、ソル・クンブ地方のシェルパも登山隊に雇用されるようになった。

シェルパは、高所ポーターとして、現地住民との折衝役として、コックや登山隊メンバーの世話係として、ゾッキョやヤクなどの荷役動物や物資の調達係として、様々な役割をこなして各国の登山隊から高い評価を受け、職業としての「シェルパ」が定着した。

1970年、日本でも日本山岳会がエベレスト登頂のために登山隊を派遣し、5月11日に松浦輝夫、植村直己の両隊員が東南稜からの登頂に成功し、日本人初、世界第6登を成し遂げた。

しかし、この登山では4月に成田隊員が病死し、「シェルパ」1名がセラックの崩壊によって犠牲になっている。

また、同時期に日本エベレスト・スキー探検隊は、プロスキーヤーの三浦雄一郎が、ローツェサウスコルの直下、標高7780m地点から7000m地点までスキーで滑り降りた。

この探検隊でも、6人の「シェルパ」がセラックの崩壊に巻き込まれ、クレバスの中に埋められて亡くなっている。

現在では、一流の登山家でなくても「シェルパ」の働きによって、毎年多くの人がエベレストに登頂しているのは周知の事実である。

また、高所登山でなくても多くのトレッカーが、「シェルパ」の案内でトレッキングを楽しんでいる。

しかし、いかに高所に適応した屈強な「シェルパ」であっても、セラックの崩壊やクレバスへの転落、急激な気象変化などの物理的な危険には抗えず、「シェルパ」が犠牲となる遭難は少なくない。

今後も登山者・トレッカーの増加と共に、「シェルパ」の犠牲者が増えることが懸念される。

今回のトレッキングで、一緒に行動した日本滞在経験がある「シェルパ」の１人は、「また、日本で働きたい」と言った。

「日本に来たら、長い期間、家族に会えないし寂しくないの？」と聞き返した時、

「日本はいい国だしお金も稼げる。いつ死ぬかもしれない登山の仕事をするより家族も安心できる」という答えが返ってきた。

彼らは生活のための「職業」として「シェルパ」をやっている。一旦、遭難や事故が「シェルパ」に及んだ時、その保障はどうなっているんだろう？　残された家族はどうなるんだろう？　と自問し、自らの行動や考えを戒める謙虚さを持たなければならない。

「シェルパ」の中には、危険なガイドや高所ポーターの仕事を辞めて、ロッジやレストランを経営している者も少なくない。

得られた収益を基に、首都カトマンズに移住する人もいる。カトマンズへの移住者が増えれば過疎化が進む村を誰が支えるのか。

大都市で育つ若い年齢層では、インターネットやテレビなどを通じて、インドや欧米の文化の影響を早くから受け、反対に、シェルパ独自の文化に触れる機会が減る。

母国語であるシェルパ語を話せない者も増えてきたという現実もある。もともと、固有の文字を持たないシェルパ語をどのように継承していくかはシェルパ社会の大きな課題となっているようだ。

一方、シェルパはチベット仏教の敬虔な信者であり、得た富を村の寺院や僧院への寄進や祭礼・儀礼に費やすなど、自分たちの伝統や文化を大事にしている。

また、カトマンズに住むシェルパも、チベット仏教の伝統にそった葬儀などシェルパの伝統的な儀式を行うために独自組織を設立したり、その集会施設を自分たちの寄付金で建設したり、民族集団としての意識の高さを示してきた。

現在、シェルパの居住地であるソル・クンブ地方は、世界中から多くの観光客や登山家・トレッカーが訪れる観光地であり、1年を通してロッジ、レストランなどの観光業が中心産業になっている。

もちろん、優れた一部の「シェルパ」による高所登山の支援も世界的に有名である。

「エベレスト、ローツェ、マカルー、チョ・オユー」の標高8000m以上の4座をはじめ、多くの秀峰を間近に見られるエベレスト街道には、道路や空路の整備が進むにつれて、さらに観光客、登山者やトレッカーが増えていくだろう。

そして、それと共にシェルパ社会も変容していくだろうが、時代の流れに対応しながら、シェルパ民族としての文化と、高所山岳地における職業としての「シェルパ」文化がバランスよく維持・継承されることを望む。

10

実際に歩いて感じた山岳地帯の諸課題

○トレッカーや登山者が増え続けることで、トイレやごみ処理はどうするのだろうか？
○地球温暖化が進むにつれ、氷河湖が決壊したら河川流域に住む人たちはどうなるのだろう？
○２０１５年の「ネパール地震」のように大きな地震が発生したら、建築物の耐震性は大丈夫だろうか？
○高地でのエネルギー問題はどう解決するのか？
○高所登山やトレッキング人口の増加に伴う遭難事故の増加をどのようにくいとめるのか？
○教育格差や経済格差をどのように縮めていくのだろうか？
○若者の都会流出に伴う過疎化をどのように止めるのか？

等々

ざっと思いつくままに上げても、山岳帯が抱える問題は少なくはないし、難しい課題ばかりだ。

しかし、ごみ問題を取り上げると、日本の山岳組織や有名な登山家チームによって改善の取り組みが為されてきたことも知っておくべきだ。

1970年代の日本のエベレスト登山隊が残したごみが問題視されていたこともあり、1990年に田部井淳子氏を代表として日本ヒマラヤン・アドベンチャー・トラスト(HAT-J)が発足した。1992年には、エベレスト清掃トレッキングを行い、総量200kgのごみを回収し、テントサイトで燃やしたり、ルクラまで運び下ろしたりした。さらには、その2年後には、ルクラに焼却炉を建設し、管理担当者や作業員を地元民から雇用したり、作業マニュアルを作ったりした。

また、シンポジウムの開催や冊子を作成するなどして、「テイクイン・テイクアウト」運動を展開した。

また、七大陸最高峰の最年少記録を持つ登山家の野口健氏は、組織に縛られず、個人的な熱意と持ち前の実行力で、2000~2003年にかけて4回もエベレスト清掃登山を行った。野口氏の考えに賛同した仲間やシェルパによるチームは、エベレストのベースキャンプ周辺の残置物だけでなく、8000mを超える高所からも酸素ボンベなどを下ろした。その総量は6トンを超え、人の排せつ物をビニール袋に詰めて運んだメンバーもいた。

野口氏は、講演活動のみならずTVなどのマスコミ出演を通して自分の考えを示したり、活動の様子が放映されたりするため、その露出の多さから売名行為との誹《そし》りを受けがちだが、達成した成果は高く評価されるべきだと思う。ちなみに、富士山の清掃活動にも10年以上尽力した。

エベレスト街道には、所々にごみ箱が設置されており、その周りにごみが溢れていることはないし、トレッキング中に捨てられたごみを見ることもほとんどなかった。定期的にごみを収集するなどの管理体制に加えて、登山者やトレッカーの「護美」意識も向上してきたからだと思う。

他方、他の問題に対する日本の取り組みについても少し触れておきたい。

長年にわたりネパールと友好関係を築いてきた日本は、ＯＤＡ（政府開発援助）によって、ハード面、ソフト面の支援を行ってきている。

以下は、外務省のホームページに示されている「対ネパール国別開発協力方針（２０２１年9月）」である。具体的なプロジェクトや予算については、省略するが同国に対する日本の貢献度は大きい。

今後も支援を継続し、貧困層の多い地域の発展に寄与してほしいと願う。

……（省略）……

3．重点分野（中目標）

(1) 経済成長及び貧困削減

持続可能な経済発展の実現を後押しするため、交通インフラの整備、電力・エネルギー供給強化を支援するほか、新型コロナウイルス流行で改めて脆弱性が浮き彫りとなった分野として、感染症対策につながる水供給や衛生分野での取組を支援する。加えて、民間セクター開発や民間セクターの活性化を視野に入れた投資環境整備・制度改善・人材育成などを通じてネパール経済の強靱化を後押しする。また、格差是正のための貧困削減は引き続き重要な課題であり、貧困層が多く従事し、同国の主要産業である農業の生産性向上、教育水準の向上、保健医療へのアクセス改善、社会サービス基盤の整備等を通じて所得の向上及び生活の質の改善を支援する。

(2) 防災及び気候変動対策

ネパールは地震、洪水、地滑り等自然災害が多発する国土であり、災害リスクを考慮した支援が必要である。災害は安定的な経済発展の重大な阻害要因となることも踏まえ、防災先進国である我が国として、災害に強靱な国土基盤の形成を支援する。また、森林資源の持続可能な開発を含めた気候変動への対策を支援する。

(3) ガバナンスと民主化の強化

民主主義を定着させることは、経済成長の実現にとっても重要であり、法整備支援等を通じてその基盤となる制度づくりを支援する。また、自立的発展を後押しするべく、中央及び地方政府のガバナンス能力向上を支援すると共に、社会的弱者を含む住民のニーズを行政施策に反映させるため、コミュニティの能力強化及び人材育成を行う。

4．留意事項

(1) 我が国の企業、研究機関、NGO等とも連携した我が国の技術力の活用、他分野への裨益効果などの相乗効果も念頭に置く。

(2) 他のドナー国、援助機関による援助が進展している分野では援助の効率化及び効果を重視するとともに、我が国として顔の見える援助になるよう配慮する。

(3) 他のドナー国、援助機関との協調は、我が国の支援を実施する上でいかに効果的に活用出来るかという観点を重視する。

(4) 南西アジア地域の連結性を強化することは、ネパールを含む同地域全体の発展に繋がる大きな可能性を秘めているところ、関係諸国の動向にも留意しつつ地域連結性に資する案件の検討に努める。

※　の塗りつぶしは筆者によるもの。

なお、中国側では西寧とチベット自治区の首府ラサを結ぶ全長約２０００㎞の「青蔵鉄道」は既に２００６年に開通しており、多くの観光客がチベットを訪れている。

さらにヒマラヤ山脈を越えてネパールの首都カトマンズをつなぐ鉄道を敷く計画もあるようだ。

政治的な意図はともかくとして、災害復旧、学校建築、水力発電工事、道路やトンネル工事等、建設・建築事業や観光開発事業等にすでに取り組んでいる日本の民間企業が、益々拡大し、信頼を得ながら現地に浸透していくことを期待したい。

11 参考資料

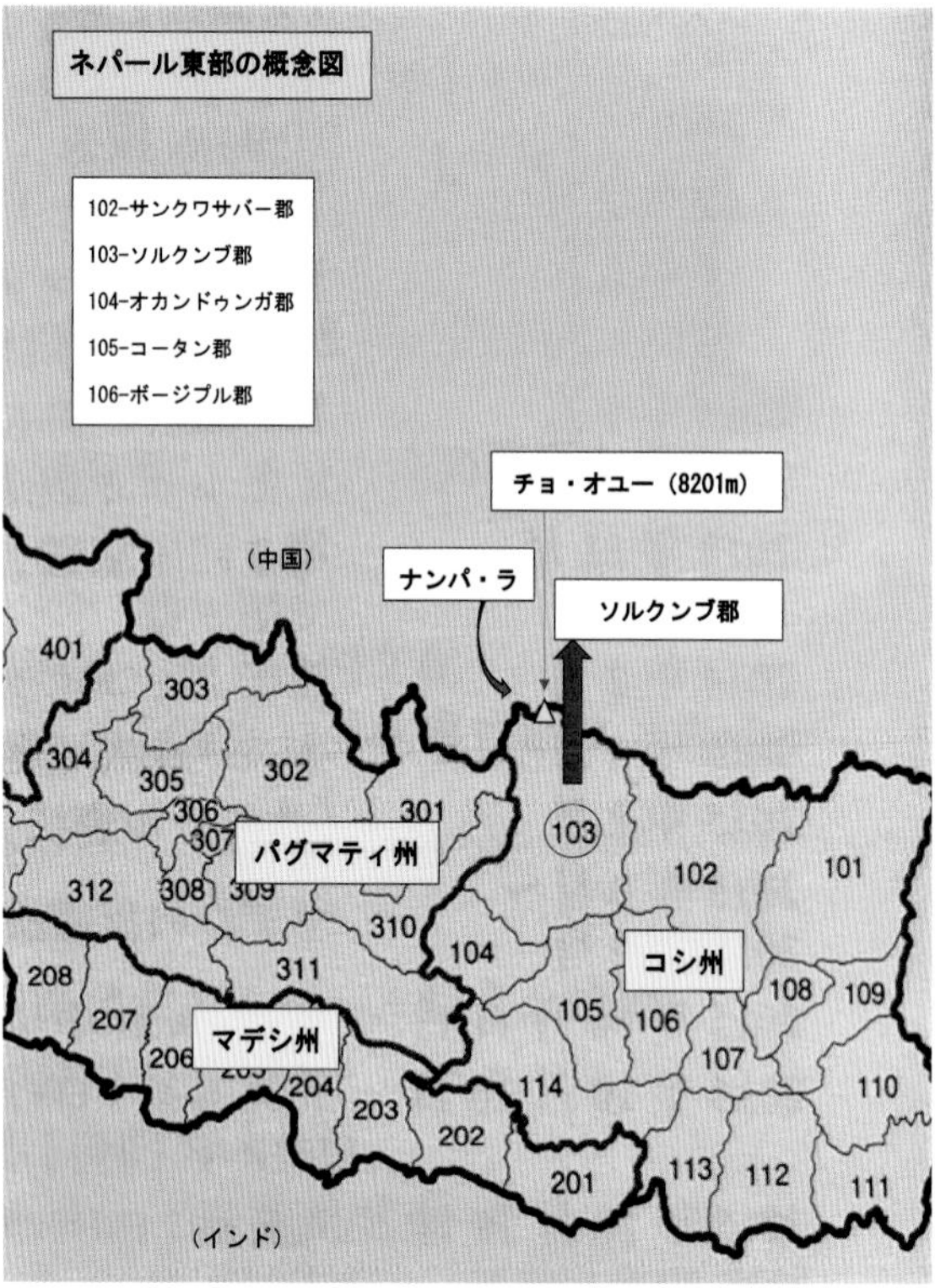

ネパール東部の概念図

※太線は、国及び州の境界線を示す。また、細線は、郡の境界線を示す。

8000ｍ峰14座の初登頂者

1	アンナプルナI峰	8,091ｍ ⑽	1950年6月3日フランス隊 モーリス・エルゾーグ、ルイ・ラシュナル
2	エベレスト	8,848ｍ ⑴	1953年5月29日イギリス隊 **エドモンド・ヒラリー、テンジン・ノルゲイ**
3	ナンガパルバット	8,126ｍ ⑼	1953年7月3日ドイツ・オーストリア隊 ヘルマン・ブール
4	K2	8,611ｍ ⑵	1954年7月31日イタリア隊 アッキレ・コンパニョーニ、リーノ・ラチェデリ
5	チョ・オユー	8,201ｍ ⑹	1954年10月19日オーストリア隊 ヨゼフ・ヨヒラー、パサン・ダワ・ラマ、ヘルベルト・ティッヒー
6	マカルー	8,463ｍ ⑸	1955年5月15日フランス隊 ジャン・クジー、リオネル・テレイ
7	カンチェンジュンガ	8,586ｍ ⑶	1955年5月25日イギリス隊 ジョージ・バンド、ジョー・ブラウン
8	マナスル	8,163ｍ ⑻	1956年5月9日日本隊 今西壽雄、ギャルツェン・ノルブ
9	ローツェ	8,516ｍ ⑷	1956年5月18日スイス隊 フリッツ・ルフジンガー、エルンスト・ライス
10	ガッシャブルムII峰	8,035ｍ ⒀	1956年7月8日オーストリア隊 ヨゼフ・ラルヒ、フリッツ・モラベック、ハンス・ヴィレンパルト
11	ブロードピーク	8,051ｍ ⑿	1957年6月9日オーストリア隊 ヘルマン・ブール、クルト・デュームベルガーら
12	ガッシャブルムI峰	8,068ｍ ⑾	1958年7月5日アメリカ隊 アンドリュー・カウフマン、ピーター・シェーニング
13	ダウラギリI峰	8,167ｍ ⑺	1960年5月13日スイス隊 クルト・デュームベルガー、ピーター・ダイナーら
14	シシャパンマ	8,027ｍ ⒁	1964年5月2日中国隊 許競隊長を含む10名

※1～14の数字は登頂された順を示し、⑴～⒁は標高の高い順を示す。

ヒマラヤ山脈における「標高8500ｍ以上の登山」死亡率

時期	位置	登山者（シェルパ・ガイド除く）			シェルパ・ガイド			全登山者		
		総数	死亡者数	死亡率	総数	死亡者数	死亡率	総数	死亡者数	死亡率
1950〜1989年	標高8500ｍ以上の山	3451	75	2.17％	2705	47	1.74％	6156	122	1.98％
1990〜2006年	標高8500ｍ以上の山	6401	92	1.44％	4379	30	0.69％	10780	122	1.13％
	エベレスト通常ルート	4549	64	1.41％	3380	22	0.65％	7929	86	1.08％

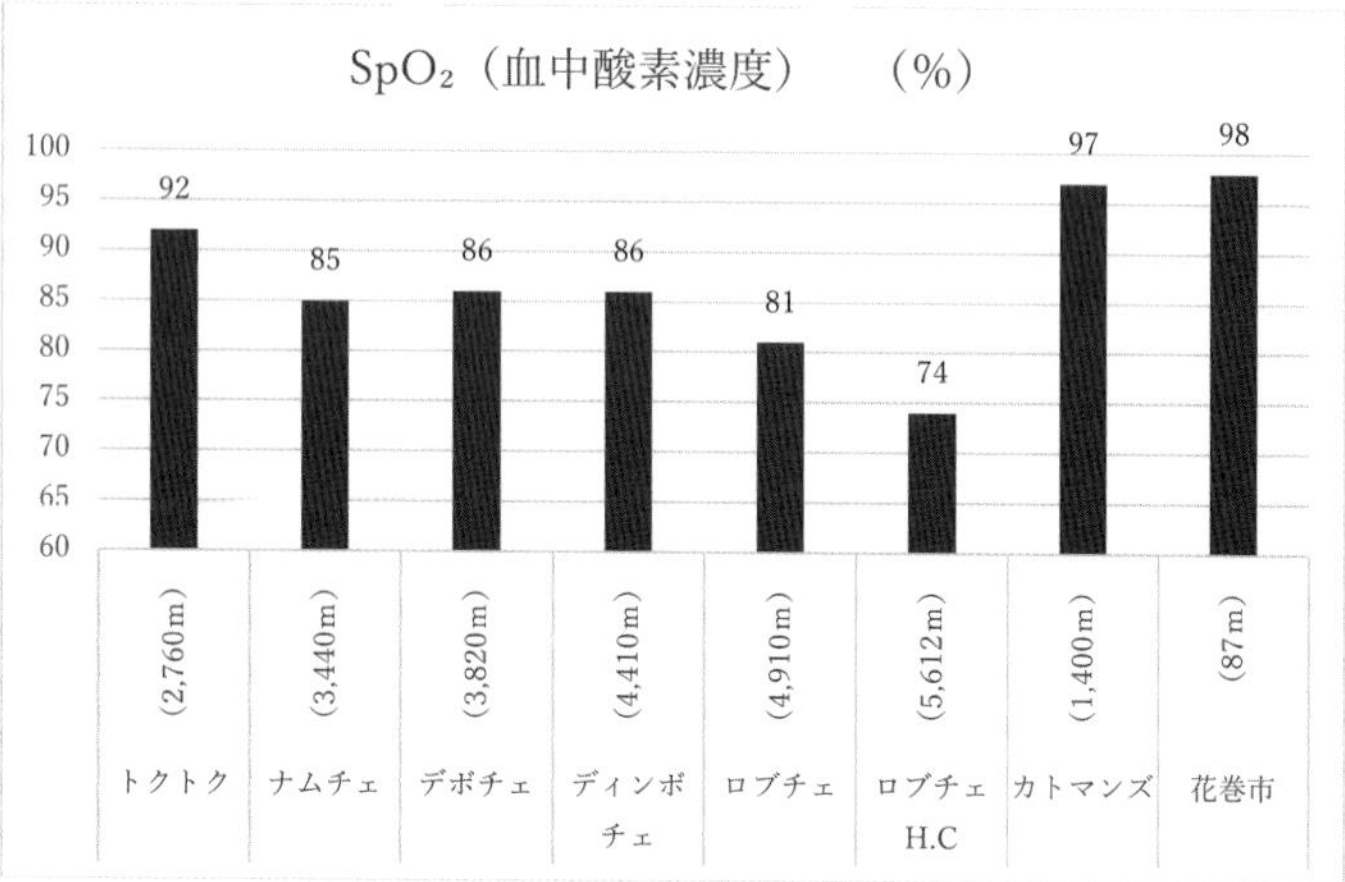

主な地点での血中酸素濃度

※小池メディカル製「パルスオキシメーター　サーフィンPO」による筆者自身の測定値

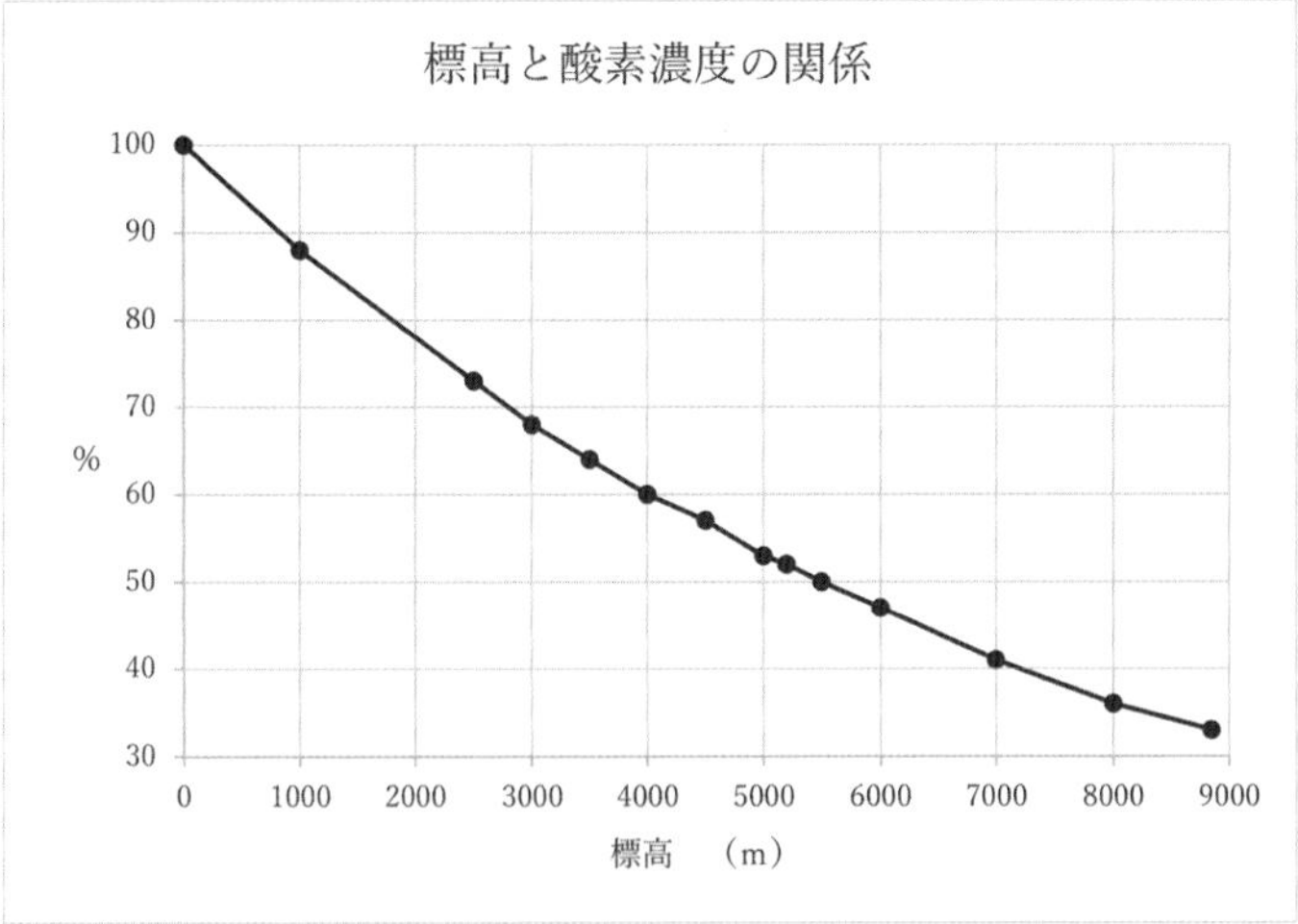

標高（m）	酸素濃度（%）	備考
8848	33	エベレスト
8000	36	シシャパンマ
7000	41	プモリ
6000	47	ロブチェピーク
5500	50	カラパタール
5200	52	エベレストBC
5000	53	ゴラクシェプ
4500	57	マッターホルン（スイス）
4000	60	ワイスミス（スイス）
3500	64	富士山吉田口八号五勺
3000	68	立山（雄山）
2500	73	大日岳
1000	88	兜明神岳（岩手県）
0	100	

標高と酸素濃度の関係

※Trekking Map『ROLWALING TSHO ROLPA 1:125,000』（Nepal Map Publisher）の数値を引用（図表は筆者が作成したもの）

■シェルパの名前について

シェルパの名前は、宗教的な理由なのか単なる慣習なのかわからないが、生まれた曜日によって決められる場合が多いようだ。また、曜日以外の場合でも、よく使われる名前はある程度限定的だ。

したがって、同じ名前の人が多くいる。もちろん、すべての名前が曜日によって自動的に決まるわけではない。

例えば、「1970年エベレスト登山隊報告書」には、活躍した主要「シェルパ」の名前と出身地が記載されているが、一定の傾向はあるがすべてがそうではない。

いずれにしても、混乱することを避けるために、名前以外の特徴を覚えるなど工夫が必要である。

ちなみに、今回のガイドは3人とも、自分の「ニックネーム」で呼んでほしいとのことだったので、混乱することはまったくなかった。

「1970年エベレスト登山隊報告書」に記載されている主要シェ

表　曜日と名前

日曜日	ニマ（Nyima）
月曜日	ダワ（Dawa）
火曜日	ミンマ（Mingma）
水曜日	ラクパ（Lhakpa）
木曜日	プルバ（Phurba）
金曜日	パサン（Pasang）
土曜日	ペンバ（Pemba）

〈曜日以外に多い名前〉

Norbu	ノルブ（宝石）
Norgay	ノルゲイ（幸運）
Dorje	ドルジェ（稲妻）
Tshering	ツェリン（長生）
Gyalzen	ギャルツェン（勝利）
Tenzing	テンジン（仏の教えを司る者）

ルパ34名の名前を拾うと、次のとおりである。

①日曜日生まれ：4名、月曜日生まれ：3名、火曜日生まれ：1名、水曜日生まれ：5名、木曜日生まれ：1名、金曜日生まれ：2名、土曜日生まれ：2名、その他：16名

34名中16名が生まれた曜日とは関係のない名前だった。

②曜日以外に多い名前

Norbu	ノルブ（宝石）	4名	
Norgay	ノルゲイ（幸運）	0名	
Dorje	ドルジェ（稲妻）	1名	
Tshering	ツェリン（長生）	6名	
Gyalzen	ギャルツェン（勝利）	0名	
Tenzing	テンジン（仏の教えを司る者）	3名	計14名

12

ヒマラヤトレッキングのまとめ

胃がんの手術から早4年半が過ぎた。
幸いにも転移や再発は今のところない。普段は「遅かれ早かれ、どうせいつかはあの世に行くのだから」と強がってみても、定期的な検査とその診断の度に、今度は大丈夫だろうかと不安な気持ちが生じる。

がんの発覚から今まで、泣いたりわめいたりしたことは一度もなかったが、早死にすれば妻や家族が悲しむだろうと思うとやるせない。
しかし、ジタバタしてもしょうがないし、好きなことをやって元気な姿を見せる方が周りも安心するだろうと思い、今回のヒマラヤ山行（エベレスト街道トレッキング&ロブチェイースト登頂）を決行した。

同じようにがんで悩み、苦しんでいる人に、まだまだこんなこともできますよ、という「ささやかなメッセージ」が少しでも届けばいい。

山行にあたり四つの目標を立ててみたが、結果的にどれも達成できてよかった……、が……、悔しさや課題も残った。

「ロブチェイーストに登頂する」という目標は、引っ張り上げてもらったわけではないが、自分の力で登った感じが薄い。

「トレッキングピークであるチュクン・リ、カラパタール、ゴーキョピークに登頂する」と「計画したルートを歩き切ること」という目標は、体調が悪い中、自分でもよくやり遂げたと思う反面、体調管理の甘さが反省点だ。

「シェルパの文化や歴史、生活についての知識を深める」は、直接見たり聞いたりして得た知識は微々たるもので、文献等の理解も不十分だったり、間違っていたりするだろう。関心が深まったことは事実なので、これからの継続課題としたい。

おわりに

この本を孫たちに捧げる。

毎日、たくさん食べて、よくしゃべり、元気に遊び、賢く優しく成長する姿を見せてくれてありがとう。楽しかったよ。君たちはまだ幼いので、ひろじいがいなくなったら、ひろじいのこともだんだん忘れてしまうだろう。

人は2回死ぬそうだ。1回目は、脳や心臓が動かなくなって、身体が亡くなる時で、2回目は、その人のことを誰も思い出さなくなった時だそうだ。

「おじいちゃんって、どんな人だったの？」と思った時に、この本が少しだけ役に立つかもしれない。みんなの記憶の中に、ひろじいが少しでも長くとどまっていたら嬉しいな。

みんなが楽しく幸せな人生を送れるように祈ってます。

さて、私は趣味が「山登り」、「クライミング」、「スキー」だと、気恥ずかしさを感じながらも口にしている。

生命を賭し困難な山に挑戦する先鋭クライマーがいる。新しいルートを拓くことに価値を求め、限界ぎりぎりのところで生命の躍動を感じるのだろう。一方、里山を歩き、美しい草花や鳥のさえずりに足を止めながら楽しんでいる人もいる。

私の場合は、その行為に自分なりの「挑戦」があり、自分にとっての「困難」を乗り越えた時の「達成感」、「爽快感」が動機づけになっている。

山への向き合い方や目的、目標は人それぞれで、童謡詩人金子みすゞの言葉を借りれば、「みんなちがって、みんないい」。

愛好家の端くれとして、最期まで自分なりに楽しんでいきたい。

「がん」なんかへっちゃらだ。それ行け、ひろじい！

参考文献

『シェルパ　ヒマラヤ高地民族の二〇世紀』鹿野勝彦、茗渓堂、２００１年
『ヒマラヤの環境誌　山岳地域の自然とシェルパの世界』山本紀夫・稲村哲也（編著）、八坂書房、２０００年
『イエティ　ヒマラヤ最後の謎〝雪男〟の真実』根深誠、山と渓谷社、２０１２年
『現代ネパールを知るための60章』日本ネパール協会（編）、明石書店、２０２０年
『１９７０年　エベレスト登山隊報告書(Ⅰ)』社団法人日本山岳会、１９７２年
『日本人とエベレスト』山と渓谷社（編）、２０２２年
『垂直の記憶　岩と雪の７章』山野井泰史、山と渓谷社、２００８年
『アルピニズムと死　僕が登り続けてこられた理由』山野井泰史、山と渓谷社、２０１４年
『TRANSIT 05　美しきヒマラヤへの旅』加藤直徳他、講談社、２００９年
『TRANSIT 43　愛しいネパール　カトマンズもヒマラヤも！』林紗代香他、講談社、２０１９年
『TRANSIT 56　美しき世界の山を旅しよう！』林紗代香他、講談社、２０２２年
『ヒマラヤ百高峰　標高７０００ｍを超える氷雪の山々』藤田弘基、平凡社、２００６年

菊池　博文（きくち　ひろふみ）

1957年北海道生まれ。岩手県花巻市在住。勤続36年間の教員生活を終え、現在は「農耕クライマー」。１年を通して登山、クライミング、スキーなどアウトドアスポーツを楽しむ「マルチな遊び人」。

主な登山・クライミングとして、マッターホルン登頂（ヘルンリ稜）、ワイスミス登攀及び縦走、槍穂縦走、西穂・奥穂縦走、前穂北尾根、北穂東稜、瑞牆山や小川山、二子山でのマルチピッチクライミングなど。

ドラゴン、山に登る。
「マッターホルン＆エベレスト街道」奮戦記

2023年９月７日　初版第１刷発行

著　　者　菊池博文
発 行 者　中田典昭
発 行 所　東京図書出版
発行発売　株式会社 リフレ出版
〒112-0001　東京都文京区白山 5-4-1-2F
電話（03）6772-7906　FAX 0120-41-8080
印　　刷　株式会社 ブレイン

ISBN978-4-86641-665-6 C0095
Printed in Japan 2023